高职英语教学模式与创新研究

王　龙◎著

吉林出版集团股份有限公司
全国百佳图书出版单位

图书在版编目（CIP）数据

高职英语教学模式与创新研究 / 王龙著. -- 长春：吉林出版集团股份有限公司, 2023.7
ISBN 978-7-5731-3977-1

Ⅰ. ①高… Ⅱ. ①王… Ⅲ. ①英语—教学模式—教学研究—高等职业教育 Ⅳ. ①H319.3

中国国家版本馆CIP数据核字(2023)第142272号

高职英语教学模式与创新研究

GAOZHI YINGYU JIAOXUE MOSHI YU CHUANGXIN YANJIU

著　　者　王　龙
出 版 人　吴　强
责任编辑　蔡宏浩
助理编辑　崔雅轩
开　　本　787 mm × 1092 mm　1/16
印　　张　10
字　　数　190千字
版　　次　2023年7月第1版
印　　次　2023年9月第1次印刷

出　　版　吉林出版集团股份有限公司
发　　行　吉林音像出版社有限责任公司
（吉林省长春市南关区福祉大路5788号）
电　　话　0431-81629679
印　　刷　吉林省信诚印刷有限公司

ISBN 978-7-5731-3977-1　　定　　价　58.00元

PREFACE

前言

英语能力是跨世纪人才必备的素质，21世纪是信息时代，各国之间政治、军事、经济、科技、文化等领域的信息交流频繁，国际合作日益加强，新的语言现象也层出不穷。与此同时，作为语言教学主体的学生，无论是成长环境、社会体验，还是认知特点等，也都在时时变化。在这种情况下，固守传统的英语教育观念显然与之不相适应，这就要求我们的英语教育观念必须与时俱进，不断创新。

职业技术教育的改革决定了高职教育的本质在于培养学生的职业能力，这也为高职公共英语教学指明了发展方向。新的高职教育改革提出高职英语需要面向职业教育目标，把英语教学与专业教育结合起来，注重提高学生的职业素养和职业能力。因此，为了进一步分析当前高职公共英语教学中职业能力培养的缺位问题，本书确立职业能力本位的教学导向，构建基于职业能力视角的高职公共英语教学评价体系，特提出教学模式改革研究。

本书通过对当前我国高职英语的教学现况以及社会发展对其需求进行了详细的分析，在此基础之上提出了我国高职英语的教学应该怎样和专业的教学进行紧密的联系。本书对高职英语教学的发展、教学内容、教学风格、教学模式、教学手段等方面做了系统的研究，并在经济全球化、网络化、信息化的新时代背景下，提出了高职英语教学的改革思路，对高职英语教学的内容、模式、风格、方法与手段等方面进行了创新研究。对于高职英语的教学，我们需要根据其教学的目的以及学生各自的特征，对教学的理念以及教学的模式做及时的改革。进而达到强化高职英语的目的。我们只有很好的将高职的英语教学和职业之间的能力两者进行紧密的联系，才能更好的培养学生拥有一个较强的英语运用能力，进而满足社会的需求。

在本书写作过程中，参考了大量文献和专著，并引用了部分专家和学者的观点，在此一并表示感谢。由于水平有限，书中难免存有疏漏和不当之处，还望广大读者批评指正。

目录

第一章 英语教学概述

第一节 英语教学的基本内涵

一、英语教学的内涵

（一）教学的定义

在了解英语教学的内涵之前，首先需要对教学这一概念进行了解和掌握。由于对教学的关注点不同，不同学者的定义也有所差异。“教学”应该包含两个层面的关系：教与学是一种并列的关系；教学是一种教授学习的使动关系。从两个角度出发，能够看出教学的辩证关系和双向关系。教与学是息息相关的，教应该以学为基础，从学的角度出发，并以学为目标。教的规律和学的规律在一定程度上是统一的。

《英汉双解·现代汉语词典》给出的教学的定义是：教师把知识、技能传授给学生的过程。该定义是一种狭义的理解，把“教学”当作一个术语来理解。教书、教学的意思，就是“教导、学说、教义”的意思。可见，teaching 与 teachings 是两个完全不同的概念。但是，这两个定义都没有全面覆盖“教学”的真正含义。综合上述关于教学的定义，教学应该包含三层含义，即教学；“教”与“学”；教如何学习。

（二）英语教学的定义

由于英语是我国的第二外语，因此缺乏一定的语言使用环境与使用对象，这就对英语教学提出了难题。可以说，英语教学能够直接影响学习者的英语水平和语言运用能力。英语教学是一种教育活动。对教师而言，教学是引导学生学习的教育活动；而对学生来说，教学则是在教师引导下的学习活动。学生是否得到发展是教学能否实现其目标的关键。

教学是一个师生互动的过程，是教师教和学生学，共同完成预定任务的双边统一的活动。

具体来说，英语教学的内涵主要体现在以下几个方面。

1. 英语教学是有目的的活动

英语教学的不同阶段有着不同的目标，而教学目标又具体分为不同的领域与层次。

2. 英语教学带有系统性和计划性

这种系统性主要体现在其制定者主要为教育行政机构、教研部门和学校的教学管理者等。英语教学的计划性指的是对英语基础知识的计划性教学，如英语语音、词汇、语法、写作、阅读等具体知识和技能的传递。

3. 英语教学需要采取合理的教学方法和教育技术

英语教学经过深厚的历史积淀，形成了大量有效的教学方法。现代科学技术，尤其是信息技术的发展，为英语教学提供了可以借助的多种教育技术。综上所述，我们可以将英语教学的内涵概括为：教师依据一定的英语教学目的与教学目标，在有计划的系统性的过程中，借助一定的方法和技术，以传授和掌握英语知识为基础，促进学生整体素质发展的教与学相统一的教育活动。

（三）英语教学的本质

英语教学不仅仅是一种语言教学，同时也是一种文化教学。下面对这两个方面进行分析。

1. 英语教学是一种语言教学

英语是一种重要的国家交际语言，因此对其的教学便是一种语言教学。语言教学的目的是培养学生使用语言的能力。对于中国人来说，英语作为第二语言，是一门外语，英语教学也就是外语教学。从大类外语教学的发展历史来看，外语教学离不开外语知识教学，以外语知识为基础的外语教学有利于学生运用外语能力的培养。

因此，英语教学作为语言教学，其本质应该是培养学生综合运用英语的能力。

需要特别指出的是，一些以学习语言知识而进行专门研究的语言教学并不是以运用语言为目的，因此对其的教学并不属于语言教学的范畴，如古希腊语的研究、古汉语的研究等。这些语言在当今社会几乎不再使用，因此这种语言学习需要和语言教学区分开。

2. 英语教学是一种文化教学

文化孕育语言，语言反映文化，二者有着密切的联系。在进行英语教学的过程中，不仅需要学习者了解基本的语言知识，同时也需要培养和提高其英语思维能力，从而便于日后的语言使用。从这个意义上说，英语教学也是一种文化教学。

二、英语教学的要素

（一）教师和学生

1. 教师

教师的角色是指教师在教学中的职责及其职业特点。随着教学改革的开展，教师角色的内涵变得更为丰富，不再只是知识的传授者和教学的主宰者。

当代教师角色的新的内涵主要包括如下几点：

（1）知识的传授者。教师是知识的传授者，在教学活动中，学生对知识与信息的获取主要来源于教师。此外，教师的责任不只是传授知识，还应教会学生做人的道理。

（2）课堂的控制者。教师作为课堂的控制者，在教学活动中应充分发挥其主动作用，既要控制好学生的学习情况，还应注意把控课堂、教案的执行程序以及教学时间。此外，为了取得良好的教学效果，教师还应注意克服教学的随意性。

（3）行为的评价者。行为的评价者指教师在教学过程中记录下不同学生在学习上的问题以及不足之处，同时适时地予以反馈。需要注意的一点是，教师应把握好评价的方式与方法，纠正学生错误时，应注意措辞，尽可能以学生能接受的形式加以纠正，避免伤害学生的自尊。

（4）活动的组织者。教师是课堂活动的组织者。由于学生是课堂活动的主要参与者，因此教师在组织活动时应首先考虑到学生因素，将教学活动的主要目的、任务和教学活动开展的方式以及流程等清楚地告诉学生，便于他们更好地理解自己在活动中的职责，了解活动的各个环节，从而使其行为更具针对性，以顺利达成活动目的。

（5）活动的促进者。教师是活动的促进者。学生在学习过程中遇到困难在所难免，此时教师应为学生提供相应的帮助，引导学生将当前所学的内容与已有的知识结合起来，形成一种新的知识建构。

（6）活动的参与者。教师不仅是活动的组织者，还是活动的参与者。教师参与到课堂活动中不仅可以活跃课堂的气氛，拉近与学生的距离，还可以充分了解学生的心理特征，引导学生解决学习中的问题，促进课堂活动的执行与实施。

（7）资源的提供者。在教学活动中，教师可为学生提供丰富的背景知识、答案、范例、机会等，这些都会促进学生的学习。

（8）研究者。教师是教学的研究者。教师在教授知识的同时也在进行教学研究，教师具有自己的研究方向和研究内容，在教学过程中不断发展问题，展开研究并使问题得到解决，很好地将课堂教学与科学研究结合起来，从而完善自己的教学活动。

（9）激励者。教师是学生学习的激励者，这身份使教师将课堂的绝对控制权交给学生，以学生为中心，引导并鼓励学生进行学习。要做到这一点，教师必须具备丰富的知识和教学经验，同时具有激励学生的能力。由上述分析可知，教师的角色多种多样，这些不同的角色都是社会、学校、家长以及学生期望的一种反映。一名合格的教师应能灵活地在这些角色之间进行转换，充分发挥自己的能力。

2. 学生

英语教学应面向全体学生，以学生学习方式为核心，注重培养学生的学习愿望、学习习惯以及学习能力，同时还应关注学生自我评价、评价激励、反馈和调整功能，以使学生获得全面和终身发展。这些都赋予了学生新的角色意义。具体而言，学生主要有以下几种角色。

（1）主体。学生是学习的主体，英语教学活动要坚持学生的主体地位。在学习过程中，学生通过对知识进行积极探索、发现、吸收和内化等实践，将有助于他们知识体系的构建以及科学世界观、人生观、价值观的形成。

（2）参与者。学生是教学活动的参与者。在英语教学过程中，教师应注意激发学生的兴趣与动机，使他们积极地参与到教学活动中去，让学生乐于学习。在学习过程中，学生应主动参与，积极思考，敢于表达自己的思想与观点，将个人的才能尽量展示出来。

（3）合作者。英语学习是在师生、生生之间进行的，因此学生的学习过程必然要与他人合作。学生在学习中通过协商与互助，彼此促进，最终实现共同提高。

（4）反馈者。学生是教学活动的反馈者。学生以个体的学习情况以及教学法的适用性为依据，向教师提出相关的意见与建议，促使教师对教学方法与教学内容加以调整、改进，最终提高英语教学的效率。

（二）教学内容和教学方法

1. 教学内容

（1）语言知识。

语言知识是综合英语运用能力的一个组成部分，同时也是语言学习和运用的重要方面。学生语言能力的提高必须以扎实的语言知识为基础。英语基础知识主要包括语音、词汇、语法、功能和话题等内容。这五个方面的内容并不是孤立的，而是相互影响、相互作用的。语音、词汇和语法（语言形式）可以在一定的话题中得到体现。学生在运用语言时，不仅要具备话题知识，还应掌握语言形式在一定话题中所具有的功能。只有当他们既掌握语音、词汇和语法，又具备语言功能和话题方面的知识时，才能在交际中恰当地运用语言。

（2）语言技能。

听、说、读、写、译这五项基本语言技能是学生形成综合语言运用能力的基础和主要手段。英语教学内容应包括听、说、读、写、译五个方面的语言技能及其综合运用能力，为学生提供体验语言和感知语言的机会，促进学生对语言知识的学习与掌握。在这五项基本技能中，听是对话语进行分辨与理解的能力；说是运用口语进行表达的能力，也是运用口语输出信息的能力；读是对书面语言进行辨认与理解的能力；写则是运用书面语进行表达的能力，也是运用书面语输出信息的能力；译是综合运用语言进行输入与输出的能力。

学生英语综合运用能力的提升是建立在大量听、说、读、写、译的专项和综合性语言实践活动基础之上的，从而服务于真实的语言交际。需要指出的一点是，在不同的教学阶段，对学生的语言技能要求是不同的。

（3）学习策略。

学习策略指学生在学习过程中采取各种行动和步骤，以提高学习的有效性。英语的学习策略包括认知策略、调控策略、交际策略和资源策略等。正确的学习策略有助于改进英语学习方式，提高英语学习效果，同时也有助于学生进行自主学习和独立学习，为学生的终身学习奠定基础。因此，在英语教学中，教师要有意识地引导学生形成符合自身特点的学习策略，并对自己的学习过程与学习效果进行监控和反思，培养学生根据学习风格调整学习策略的能力。同时，教师还有必要引导学生观察与分析他人的学习策略，与其他同学交流学习体会，尝试不同的学习策略，互相借鉴，共同进步。

（4）文化意识。

文化意识也是英语教学内容的一个重要组成部分。在英语教学中，文化主要是指英语国家的历史地理、风土人情、传统习俗、生活方式、文学艺术、行为规范、价值观念等。语言与文化之间的关系十分密切。语言是文化的载体，又是文化的反映。学习英语必然要学习英语国家的文化知识。因此，在英语教学的过程中，教师应注意文化意识的渗透，结合学生的年龄特点及认知能力，向学生传授文化知识，培养他们的文化意识和世界意识。此外，教师还应注意引导学生在学习其他民族的优秀文化的同时更好地继承、发扬中华民族的优良传统，培养学生形成“传承文明，开拓创新”的意识和能力。

（5）情感态度。

情感态度主要包括两个方面：对学生学习过程和学习效果具有影响的因素，如兴趣、动机、自信、意志和合作精神等；学生在学习过程中逐渐形成的祖国意识和国际视野。在学习过程中，学生通常会受到各种情感因素，如价值观、意志、理智、动机及教师的人格、态度、情感投入、教学风格等的影响。因此，在英语教学过程中，教师有必要对学生的情感予以关注，帮助学生形成积极向上的情感态度。具体而言，教师应注意激发并强化学生的学习兴趣，同时引导学生逐渐将兴趣转化为稳定的学习动机，提高自信，锻炼克服困难的意志，正确看待学习过程中的进步与不足，培养团队合作意识与创新精神，并养成良好的个人品格。

2. 教学方法

语言教学虽然教无定法，但贵在有法。在英语教学历史上，有多种教学方法都曾经发挥过重要作用，有效地促进了英语教学的发展。这些教学方法包括翻译法、直接法、自觉对比法、听说法、视听法、认知法、功能法，以及由此派生出来的口语法、全身反应法、自然法、暗示法、沉默法、交际法等。实践证明，没有哪一种教学法是最好的，也没有哪一种方法适用于所有时期、所有地区、所有教学内容。不同的教学法对不同的语言知识、语言技能各有侧重，这就要求教师在英语教学中综合、灵活地运用各种教学方法，这样才能有效促进学生英语能力的提高以及学生的全面发展。如果教师仅仅采用某种单一的教学法，必然会影响学生的学习效果。需要说明的一点是，在英语教学中，教师无论选择使用哪种教学方法，都必须以学生的语言交际作为教学的出发点，尽可能使课堂教学贴近学生的实际生活，引导并鼓励学生将所学的语言材料灵活地运用于新的生活场景中。同时，教师应力求使教学过程交际化，选用来自真实生活的自然交际且适合学生年龄的教材内容。

（三）教材和教学环境

1. 教材

教材既是英语课堂教学的依据，又是学生学习的载体，学生习得英语语言主要是通过教材而实现的。由于教材编写水平与资料有限，任何教材的编写都难免存在一些缺陷。这就要求教师在课堂教学中灵活处理不同教材，考虑学生的感受，对教学进度和教学方法进行适当的调整，以提高教学效果。在教学过程中，教师通常会遇到与教材相关的一些特殊情况。这就要求教师要懂得因材施教，因人施教。例如，有些教材语言太过简单，大部分学生在课堂上仅仅是在运用或操练旧的语言知识和技能，这对学生英语语言能力的提高极为不利。

面对这种情况，教师应适当补充一些稍具难度的语言材料，激发学生的学习动力，促进学生语言能力的发展。有些教材偏难，导致很多学生都难以理解，从而阻碍学生的英语学习。这时，教师应注意调整教学进度，适当添加一些难度稍小且与课文内容相关的语言材料，使学生能跟上教师的教学进度。还有些教材中提供的交际任务可能会超出学生的日常生活范围，这时，教师应该借助一些辅助手段，如图画、幻灯片、流程图等，以增加课堂教学的趣味性，促进学生的学习。

2. 教学环境

教学环境的要素教学环境主要由三种要素构成：社会环境、学校环境以及个人环境。

下面对这几个要素进行简要分析。

（1）社会环境：社会环境指的是社会对英语的需求情况、社会制度、国家的教育方针、外语教育政策、经济发展状况、科学技术水平以及人文精神。社会环境是影响英语教学的首要因素，指引着英语教学的方向。

（2）学校环境：学校环境是学生学习外语知识的主要环境，对英语教学效果具有直接的影响作用。学校环境由多种成分组成，如课堂的设置、学生接触英语的时间、教学设施、教师的素质、班级人际关系等。

（3）个人环境：个人环境主要包括学生家庭成员的社会地位，经济条件，对英语的态度，与同学、朋友之间的关系和感情以及学生自己所拥有的学习设备、用具等。

第二节 英语教学的基础理论

一、语言本质理论

关于语言的发展史，经历的时间很长，相比较来说，对语言本质进行的讨论则从未间断，并且正有更多的专家和学者注意到对语言本质进行深入的认识和探讨。本节主要从语言本质理论方面出发，并结合语言的功能理论、交际能力理论及言语行为理论进行具体的讨论和分析。

（一）语言功能的理论

英国的韩礼德是功能学派的标志性人物，他主要致力于研究社会功能层面，并且他主张语言是不断进行变化的，语言的社会功能也会相应地对其本身产生一定的影响。这就有必要对语言的充分使用进行探究，才能将语言的全部功能及其构成意义的全部成分进行集中。下面将具体讲述韩礼德主张的语言功能分类：

1. 微观的功能

有学者认为微观的功能主要出现在儿童进行母语学习的初始阶段，并且包括了七种功能，分别为：

（1）个能功能

（2）规章功能

（3）想象功能

（4）启发功能

（5）工具功能

（6）相互关系功能

（7）信息功能

2. 宏观的功能

与微观的功能进行比较可以发现，宏观的功能相对更加复杂、更加丰富和更加抽象。

并且宏观功能是儿童向成人语言过渡时产生的语言功能，主要分为两种：

（1）实用的功能

该功能指儿童在学习语言的早期，由工具、相互关系和控制三种功能所延伸出来的功能，并且是儿童把语言作为做事的方式和手段的功能。

（2）理性功能

该功能衍生于儿童学习语言早期微观功能当中的个人、启发功能，并且是儿童把学习知识和观察事物作为一种手段和途径的功能。

宏观的功能为儿童早期进行语言学习时的过渡功能，它与微观及纯理功能是延续的关系，这也在一定程度上显示出了人类语言的功能可以依据情况运用到各个场合，也在一定程度上显示出人们在使用语言进行交流的过程中，也要进行相应的语言创造才行。

3. 纯理功能

一些学者主张的纯理功能对语言学派有不可忽视的影响，主要包括以下三个方面：

（1）人际功能方面

人际功能方面指的是语言所具有的表明、建立与维护社会关系方面的功能。运用这种功能，讲话的人能够在某种环境下讲自己真实的想法、推断和态度进行完整表达，并在一定程度上对他人产生影响。

（2）篇章功能方面

篇章功能方面是指语言所具有的创造通顺的话语和连贯的篇章，并且十分切合题目的功能。他还认为语篇其实是具有一定功能的语言。

（3）概念功能方面

概念功能方面是指人们运用恰当的语言对自己亲身经历的事情和自身的感想进行概述的功能。也就是说人们通过概念来对经验进行解码，从而达到对事物的表达及阐述这一目的。一些学者还主张，基本上每个句子都可以在一定程度上体现出上述三种功能，且通常以并存形式存在。关于语言的本质，韩礼德的观点不仅为人类提供了新的角度，有助于语言学界对语言的进一步理解和探究，也为后来产生的交际法教学流派建立了一定的理论基础。

（二）言语行为的理论

20 世纪 50 年代，国外学者建立了言语行为的相关理论，随后来自美国的塞尔又在其基础上进行了改进，并逐渐发展出一种用来解释人类语言与交际的理论，即言语行为理论。该理论不仅促进了语言教学的发展，还为意念大纲的产生和发展提供了宝贵的理论基础。在一般的语言教学与大纲设计当中，言语行为通常被叫作“功能”或“语言功能”。

下面主要介绍奥斯汀和塞尔的言语行为理论：

1. 奥斯汀

奥斯汀将话语分成了两个方面：一是表述句；二是施为句。除此之外，奥斯汀还以此为基础，提出了言语行为的三分说理论。

（1）表述句

表述句是指用于描写客观事物、报道客观事件、陈述客观事实的句子。关于表述句，能够进行验证，且有真价值之分。如“Robert is lying in bed.”这句话，Robert如果真躺在床上，就代表此句话为真，但是Robert没躺在床上，就代表此句话为假。

（2）施为句

施为句是指通过创造新事态来对世界进行改变的句子。关于施为句，是不能进行验证的，也就没有真假值之分。如“I call the toy horse Spirit.”这句话，是没办法进行验证，也不知道真假的。此句话的意义为将玩具马进行命名，也就是说在一定程度上改变了客观的世界。

由此看来，上述两类句子最主要的区别是，前者是以言指事与以言叙事，而后者则是以言行事与以言施事。

（3）三分说理论

奥斯汀提出的三分说具体可以分为以下几个方面：

1）以言指事的行为

该行为就是指通过对发音器官的移动，发出相应的话语，从而按照一定的规则将这些话语排列成相应的词组或句子。一般都是代表意义上的行为。

2）以言行事的行为

该行为就是采用说话的方式来实施相应的行为或做事。该行为具体表明的是说话人的意图（语力）。奥斯江把该语言行为分别分成了五个方面：

①评价行为

②施权行为

③承诺行为

④论理行为

⑤表态行为

3）以言成事的行为

该行为通过言语的方式不同产生不同的效应，也就是说说话所带来的一定的后果。在这里要特别表明的一点是，以言成事行为和以言取效行为都是指通过说话导致的相应的结果，且不管结果怎样，都与说话人的意图没有关系。

2. 塞尔

塞尔在奥斯汀的理论基础上进行了相应的改良，并提出了相应的间接言语行为理论。

下面进行具体分析：

（1）以言行事行为的分类

1）承诺类

该分类指说话的人对未来即将发生事情的行为所进行的不同程度的保证和承诺，承诺类以言行事行为的动词有 threaten，guarantee，promise，commit 等。

2）表达类

该分类指说话的人具有的某种心理状态。表达类以言行事行为的动词有 apologize，welcome，regret，boast 等。

3）断言类

该分类指说话的人针对某一事情所做出的判断和态度的表明。断言类以言行事行为的动词有 state，remind，inform，claim 等。

4）宣告类

该分类指说话的人所要表明的命题的相关内容和客观现实是相同的。宣告类以言行事行为的动词有 nominate，announce，declare，resign 等。

5）指令类

该分类指说话的人指使或者命令别人去做相应的事情。指令类以言行事行为的动词有 invite，order，advise，suggest 等。塞尔提出的重新分类的方法由于其科学性和实用性，至今仍在运用。

（2）间接言语行为理论

间接的言语行为就是指采用对另一行为的实施的方法，从而达到间接实施言语行为的目的一种行为。如“Can you pass the bottle for me?”这句话，在言语行为的方面来看，表面上看是在询问，但其实是在表达“请求”，也就是说，在该句中，“请求”是借助“询问”的方式来间接实施的。

塞尔还提出，把间接言语行为分为以下两类：

1）规约性间接言语行为

该行为一般是基于对听话人的礼貌行为，并且依据说话人使用的句法形式可以推断出相应的语意。

2）非规约性间接言语行为

该行为一般相对复杂，并且一般都要依据交际双方的共识语言信息对当下的处境等情况做出合理判断。

二、二语习得理论

（一）二语习得理论的概念

20 世纪 60 年代开始，有人研究人们获得语言能力的机制尤其是获得外语能力的机制，并结合了包括语言学和社会学等多种学科，逐渐发展成第二语言习得学科，通常简称“二语习得”。

（二）二语习得研究的流派

从 20 世纪的 70 年代开始，人们便开始从不同的角度对二语习得进行探讨和研究，所对应的研究方法也是各有特色。罗德·埃利斯就在其撰写的《第二语言习得研究》中指出，第二语言习得研究正在向多个角度进行扩展，所对应的研究理论来源及视角也是多种多样的（如心理学角度和神经语言学角度等）。20 多年以来，第二语言的相关理论正在不断产生和发展，这些都得益于多种层面和多种方法的不断研究。其中主要有以下两个方面：

1. 普遍语法理论

（1）基本内涵

乔姆斯基与支持乔姆斯基理论的人认为，人们所具有的普遍的语言方面的知识都是来自遗传基因的作用，因此乔姆斯基将这种来自先天的知识叫作“普遍语法”。普遍语法理论一方面强调的是先天的语言机制对语言习得产生的作用，另一方面则强调语言中存在的共同的规律性对语言习得产生的作用。如果这种天赋不存在的话，第一语言和第二语言都将不复存在。这是因为，在进行语言习得时，语言的有关数据是不够充分的，还不足以产生习得这一行为。所以乔姆斯基主张语言在一定程度上也是说话人本身的心理活动产生的相应结果。就好像婴儿与生俱来的语言学习能力，因此在遇到语言错误时，不需要纠正，随着年龄的逐渐增加，他们就会从生活中逐渐总结经验，从而进行自我纠正。有部分在使用语言的过程中，总是习惯通过语法核对，从而保证话语的正确性，其实这就是通过学习这种行为所进行的自我监控。当这些人的语言水平随着年龄的增加而不断升高后，自我监控的使用就会相对变少。所以从本质上来讲，语言并不是通过“学习”而得到，是存在于人们脑中的语法原则，是生物性天赋的重要组成部分，不需要进行专门的学习，但是也不能违反其规则。

在普遍语法模式里的基本概念既包括原则，也包括参数，这二者分别对语言与语言间的共性和差异性进行了具体的讨论和解释：

1）原则

原则就是适用于所有人类语言的高度抽象化的语法属性。

2）参数

参数是语言间差异性的具体体现，有大于等于两个的值，因此不同语言之间的差异性可以用相应的参数值来体现。

（2）普遍语法与二语习得

普遍语法理论强调第二语言的获得过程是以语言相应的参数值为基础的，并且将第一、第二语言当中所体现的语言的规律和语言的特性与第二语言习得的过程相结合，从而对习得的现象进行具体的解释和分析。该假设想要证明第二语言来源于相对独立的语言机制，并不来源于认知系统。该假设所体现出的优点有，以最新的原因理论为基点，对二语习得进行理解和探究，同时引起相关研究者对语言迁移现象的认识和评估。然而，有不少学者对该理论还是持怀疑的态度。并且由于此理论相较于其他理论来讲较为抽象，普遍的语法理论不能够从根本上对具体的时间教学产生积极方面的引导和作用，也在一定程度影响了普遍语法理论在二语习得中的适用度。

2. 语言监控理论

20 世纪 70 年代，来自美国的克拉申针对二语习得提出了影响深远的语言监控理论，主要由五个假设组成，该理论的提出对传统重视语法的外语教学产生了巨大的冲击，下面进行具体分析：

（1）习得／学习的假设

在此种假设当中，克拉申以“学习”和“习得”二者之间的差别作为研究重点，将二者进行明确的分离，他认为习得是学习者下意识获得语言的过程，而学习是学习者有意识采用各种方式进行语言学习的过程，并且从神经病语言学的层面来进行分析，学习的知识和习得的知识分别处在大脑的不同部位。

（2）自然顺序的假设

该假设主张人类对于语言结构知识的相关习得都是遵循一定的自然顺序而进行的。并且他认为该假设并没有要求人们依据此顺序进行教学大纲的相关制定。事实上，如果想要习得相应的语言能力，就要按照一定的语法顺序进行教学才行。

（3）监控的假设

此种假设与习得／学习的假设是紧密相连的，在一定程度上表现出了语言习得与学习的内在的关联。区别“习得”和“学习”，二语习得就应该像幼儿习得母语那样。幼儿的语言习得从来不是有意识地被人教过，也不是有意识地学习过。他们和成年人（通常是父母）进行的大量语言交流活动，是伴随着真实情景进行的交流。他们使用语言的能力来自无数次下意识的语言交流。因此，在“教”学习者第二语言时，教师应该在教授的过程中加入幼儿的自然母语习得，并且要为二语学习创造更为多样的语言环境。比如，过去教学中采用的一些方法都强调模拟一种真实的习得语言的场景，正是这种观念的一种反映。由此看出，语言习得和学习的作用各有千秋。语言习得系统实则是人体的潜意识语言知识和真正具备的语言能力。而语言学习系统则是一种有意识的语言知识，主要在第二语言运用的过程中起监控和编辑的作用，并且该监控功能既可以在语言输出之前，也可以在语言输出的后面。但是，监控功能是否能充分发挥其作用还要看时间、形式和规则这三个条件。

相较于书面表达，口语表达更加注重说话的内容，而容易忽略其语法规则与形式，因此，如果在说话的过程中进行语法监控，就会在一定程度上对说话产生影响，造成说话结巴，从而影响语言交流。而书面的表达则要相对较好，因为在写作的过程中，作者能够通过充足的时间进行反复推敲，从而选用最佳的语法规则。

（4）输入的假设

输入的假设是克拉申语言习得研究理论的重点部分。他认为，语言习得者只有接触到了“可理解的语言输入”，也就是说接触到的第二语言输入内容稍高于习得者具有的语言水平，并且该习得者既能从形式上进行理解又能从意义和信息两个方面进行理解的时候，语言习得才能够产生。这就是至今仍非常著名的 i+1 理论。其中 i 表示习得者现在就有的语言水平，1 则代表了稍高于习得者水平的语言内容和材料。克拉申还认为，该公式的输入无须刻意提供，只须进行理解输入，并且达到了一定的量，输入便会自动生成。

（5）情感过滤的假设

该假设主张，有相应的可理解输入的环境≠学好目的语，二语习得还受许多情感因素的作用和影响。语言输入只有经历了情感过滤的考验才能够真正吸收。克拉申还认为，影响习得语言的情感因素包括动力、性格和情感状态在内的诸多情感因素影响。

三、语言学习理论

教学策略及教学方法都是建立在语言本质理论和语言学习理论基础之上的，因此关于语言学习理论的本质认识也会在一定程度上影响语言教学策略的产生和选择。本节主要结合了行为主义的学习理论、认知主义的学习理论和建构主义的学习理论，对语言学习的理论进行了具体的讨论及分析。

（一）行为主义学习理论

该理论主要来自巴甫洛夫的“条件反射”理论。受“条件反射”概念的启发和影响，人们开始从实验角度和理论角度对儿童的语言学习过程进行具体的分析和探讨。经过探究发现，儿童的语言学习过程实际上就是在不断地进行“刺激—反应”，并且在此过程中逐渐掌握了母语。该理论的主要代表人物有：

1. 华生

20世纪初期，华生建立了行为主义学习理论，标志着这一理论的产生。华生认为行为主义就是可以通过一些客观方法的运用进行的直接观察的行为。他还认为，人与动物所产生的所有复杂的行为都是受一定的环境影响，并逐渐进行学习而获得的，并且有刺激与反应这一共同的因素作用。基于此，他提出了“刺激一反应”公式。

2. 斯金纳

斯金纳将自己的理论建立在华生之上，进行了进一步的继承和拓展，并且在《言语行为》（*Verbal Behavior*）一书中提到了一系列行为主义对言语行为系统的看法，于1957年发表。该书的出版还确立了行为主义在语言教学理论中占据的主导地位。斯金纳认为人们的一些言语或是言语的一部分都是某种刺激所产生的相应结果，而刺激又包括三个方面：一是言语刺激；二是外部刺激；三是内部刺激。通过反复刺激这一动作不仅能够强化学习效果，还能在一定程度上教会人们使用合适的语言形式。由此可见，重复刺激在学习过程中的地位举足轻重。关于行为主义的学习模式如图所示：行为主义学习的理论在美国盛行了长达50多年，以至于在如今的教育机制中仍地位突出。所以，教师能够采用一些干预活动来指导学生的行为，从而在一定程度上帮助学生掌握学习知识，发展语言的有关技能。除此之外，不时地为学习者提供有关接触语言的材料也是行为学习理论的表现之一。

（二）认知主义学习理论

在20世纪的前半叶，行为主义学习的理论占据了主要地位。但是行为主义把所有思维看成“刺激反应”，在一定程度上忽视了人的意识问题，所以越来越多的学者对其产生了意见和不满。在这样的背景之下，认知主义学习理论开始逐渐发展。它强调学习是对情境的一定领悟和认知而逐渐形成的认知结构，并且主张研究学习的内部条件和内部过程两个方面的内容。其代表性的观点主要有：

1. 苛勒－顿悟说

苛勒是德国著名的心理学家，也是格式塔心理学的先驱。格式塔具体指的是被分离的整体或一些组织结构。该理论主张，在学习语言的过程中，要想解决一定的问题，首先就要对情境中事物之间的联系进行准确的理解，才能构成完形，实现语言的学习这一目标。他还在格式塔理论的基础上提出了顿悟说，该学说主要分为以下观点：

（1）学习并不是“刺激—反应”这一活动的简单连接，而是有一定目的和主动进行了解或顿悟而逐渐组成的完形。

（2）学习并不是由不断尝试错误总结实现的，而是通过顿悟实现的。

2. 皮亚杰—发生认识论

瑞士著名心理学家皮亚杰，主张以发生认识论为核心，主要研究的内容都是有关人类的认识，包括概念、语言、认识发展等多个方面。在他看来，每个人都能追溯到童年时期，甚至胚胎时期。值得研究的相关问题还有人在出生之后是怎样形成的认识和发展思维，这些思维的产生都受什么因素的影响和制约、不同年龄和水平的智力差别和思维结构等。所以皮亚杰把自己的研究重点主要放在了认知发展的阶段性方面和认知发展的机制。他把无法进行探测的大脑进行活动的过程统一抽象成能够直接进行观察的心理模型，并运用一些客观方法对人类的高级认知活动和复杂认知活动进行探究，从而在一定程度上促进了人们对自身的进一步了解和认识。

3. 布鲁纳—发现学习理论

布鲁纳的发现学习理论观点认为，学习的本质就在于主动形成的认知结构，该结构还能够用来感知与概括新事物的一般方式。认知结构实际上是建立在一定的经验基础上的，通过不断改变，从而逐渐了解和学习新知识的内部因素和相应的基础。

他将学习分成了三个过程：一是知识的获得；二是知识的转换；三是知识的评价。学习任何一门学科都要学习一系列的新知识，因此每种知识的学习都要经过知识的获得、知识的转换和知识的评价这三个过程。所以，发现学习在某种程度上来讲是最好的学习方式。

发现学习的中心是学生，前提是教师进行的一系列激发学生的学习兴趣和动机，通过引导学生进行观察活动、分析活动和归纳活动，来逐渐培养学生独立分析问题与解决问题的能力。该理论的提出是布鲁纳结合学习论和教育论做出的巨大贡献。

4. 奥苏贝尔—认知—同化学习理论

奥苏贝尔在总结了前人的理论之后，将学习分为了两个维度：

（1）以学习方式进行划分

按照此种划分标准，可分为以下两种类型：

1）接受学习

接受学习指通过定论的形式将要学习的内容传授给学生。

2）发现学习

与接受学习相比，发现学习并不是将要学习的内容直接呈现给学生，而是通过安排学生进行一系列活动，从而逐渐发现这些内容，再逐渐内化到学生的认知结构当中。

（2）以学习资料和学习者知识结构的关系进行划分

按照此种划分标准，可分为以下两种类型：

1）机械学习

机械学习的意思是学习者并没有对所学知识进行透彻理解，而是仅仅机械地记住了部分符号的词句或是组合形式。

2）意义学习

意义学习的意思是把符号代表的对应的新知识和学生已有的观念等相结合，建立一种非人为的、实质性的联系。

上述两种维度的结合能够对学习进行再度划分，分为四种类型：

①有意义的接受学习；

②有意义的发现学习；

③机械的接受学习：

④机械的发现学习。

奥苏贝尔还认为有意义的接受学习能够在相对较短的时间里让学生获得大量的系统知识，是进行教学的第一目标。

他还认为相对有意义的学习过程其实就是原来的观念对新的观念的逐渐同

化过程，且该过程主要有以下几种方式：

1）总括学习

又叫作“上位学习”，意思就是在已具备的部分从属观念的基础之上总结归纳出一个总的观念或观点。

2）类属学习又叫作“下位学习”，意思就是将从属观念与总的观念进行结合，从而建立起一定的联系。

3）并列结合学习。

这是指在学习过程中，前面所学的知识和现在所学的新知识在某种程度上是相通的，所以，可以借助之前的知识，来获得新知识的意义。但还有一点需要在学习中注意，虽然学习的意义结束了，但是同化的过程还在继续，因此之后必须对知识再进行整合和重组，知识才能够掌握得更加牢固。

（三）建构主义学习理论

20 世纪 90 年代，一个新的理论在美国诞生—建构主义，它是对多个学科进行综合而发展起来的一个学科，所以它的理论体系都很多，非常烦琐。所以说不同的研究者有不同的学科理论，这也使得建构主义的理论不同。但是他们都认同知识不是被动接受的，而是认知主体进行积极主动建构的结果。因此这一观点也被所有的建构主义研究者叫作“建构主义的第一信条”。除此之外，建构主义研究的目的就是强调人类对于认识的能动性，展现人类的认识对经验、环境以及社会的作用以及对它们的依赖作用，并且指出，知识的意义不是一成不变的，而是随着学习环境的变化不断发生改变。建构主义所研究的相关内容对人类的教育以及对教育的研究都有很重要的指导意义，因此，建构主义在发展的过程中逐渐和教育时间相结合，就构成了建构主义学习理论，并且不断为各个国家的教育改革提供思想上的指导。

1. 建构主义学习思想

建构主义的影响是非常广泛和深刻的，而且对于它的定义也很难具体化，它的思想的进化也是一个曲折的过程。建构主义思想最初的来源始于 18 世纪，学者代表就是意大利的维柯和德国的哲学家康德，而皮亚杰、维果斯基被公认是现代建构主义学习理论研究的先驱。

在建构主义学习思想的研究中，有一个鼻祖式的人物，那就是苏联的心理学家维果斯基。他提出了“文化历史发展理论”，这理论指出了学习者在认知的过程中社会文化历史背景所起到的关键作用，而且还在其基础上发明了新的理论：最近发展区。通过上面的理论，维果斯基指出，个体的学习过程离不开特定的历史背景和社会文化，而且个体在学习的过程中，社会在这个过程中会发挥非常重要的积极作用。维果斯基在前面理论的基础上将个体的发展水平分为了两种：一种是现实的，另一种是潜在的，前一种就是指个体通过自己的活动能够达到的水平，后一种就是个体不能够独立完成，通过他人的帮助进行完成的水平。前面所叙述的“最近发展区”不属于这两种的任意一种，而是处于两者之间的区域。维果斯基属于位列鲁学派，他们这个学派还在前面理论的基础上对“活动”与“社会交往”和人的高级心理机能的发展之间的作用关系进行研究。他们的研究都给建构主义理论添砖加瓦，使其更加丰满，同时，也为这一理论应用于教学提供了条件。

2. 建构主义学习主张

（1）建构主义知识观

1）知识是不断进行发展和演化的。建构主义指出，知识并不能表现出某一问题的最终结果或是标准的答案，也不能客观地反映出现实的各种现象，只是人们对于现实世界的一种“假设”或“解释”，而且在这一过程中要借助符号系统的作用。只是它不是一成不变的，而是随着社会的推移也会发生改变并且进行延续。

2）知识存在于主体内部。

这一理论认为知识不会存在于个体的外部，而且是以实体的形式，只能存在于主体的内部。虽然人们将知识通过语言符号的形式使得知识有了其外在表现的样式，但是这也不能说明不同的学习者对于相同的知识的理解是一样的。因为不同的学习者之间有不同的经验和背景，而且不同的学习过程对于知识的理解也会有影响。

3）知识没有绝对而且不存在终极真理。

知识只是通过个人的经验将其进行合理化，而不能对世界的真理进行说明。

知识也不能解释世界上任何活动或是任何问题的解决办法，因为知识总是个体在自己的主观意识上进行建构的。因此，在对问题进行解决时，要根据问题所处的环境进行具体分析，而不是将知识转移过去。

4）生存的目的就是掌握知识。

掌握知识最根本的目的不是对世界中存在的真理进行研究和分析，而是为了最根本的生存问题。建构主义的知识大部分都是针对学科知识，而且是对学科知识的理解和认识，必须具备一定的用处。科学的知识等同于建构的知识，必须从一定的相关的关系、兴趣以及问题的立场上对其进行验证，还要对它的“生存力”和“可操作性”进行验证，如果在验证过程中，能够发现其在各种各样的语境上都存在合适的知识，并且是有用的，那么它就具有了生存力，并且会被应用。

（2）建构主义教学观

1）教学目标。建构主义的教学目标有其侧重点，主要侧重于以下几个方面：

①在教学中，注重“理解的认知过程”和起到作用的“意义建构”，并将它们作为中心目标。建构主义强调，如果学生是一个认知者，那么他的生存和感知过程中所做的就是将建构的作用有用化。因此，在教学中，其最基础的目标就是对这种建构的过程进行认可和支持。

②在教学目标中加入专业化知识。客观真理在建构主义的认识理论中是不存在的，但这也不能说明建构主义不承认客观真理的存在，而且在教学目标中将其拒之门外，而是提倡在教学的过程中，也要设计某种学科的专业知识。但是，在激进建构主义看来，学科的知识是某个科学家的论述，并且意识一致而形成的一种理论，而不是一定正确，且不存在矛盾的真理。

③将社会化和文化适应纳入教学目标的行列。社会文化共同体中的儿童或是青少年的发展都离不开社会化和文化适应，并且也成为了现在教育的一种教学目标。在建构主义理论中，他们指出，社会化和文化适应能够使人们在成长这一过程产生的思维和行动和其他人有一样的地方，而要实现这种相同的地方，就要学习。

2）教学活动。

教学活动在开展的过程中要体现出一定的特点，在建构主义者看来，优秀的教学活动，应体现出以下几个特点：

①教学环境应该多样化，教学活动在这种环境中开展。这种多样化的教学环境可以使得联系多元化，能够使学习者在这一过程中将新的知识和原来所学的知识相结合，使理解的角度更多。教学活动要是真实存在的情景和问题，学习者可以在这种环境中对新知识进行理解和建构。

②通过开展教学活动使教学环境更加多样化，使学生能够在这种学习环境中进行自我建构，并且完成经验的积累和知识的建构。如果学生在这一教学活动中主动对空间进行利用，自觉地意识到学习的时机，并且活动和发挥的空间都是自由的，那么就可以说这次的学习活动成功了。

③能够给学生提供一个使其进行自我发挥的环境是建构主义认为的重要的事情。因此，教师不能够根据自己的意愿来组织教学活动，而是根据学生的认知结构、观念世界以及相关经验来进行建构。

建构主义教学活动具有以下显著特征：使学生之间的对话增多，不直接将问题的答案讲授给学生；教学活动实施的过程中，鼓励学生对一些错误和矛盾进行论述，并对真理提出疑问。

④整个教学过程要使学习者一直在“最近开发区”，使学生的发展最大化。因此，教师在组织教学活动时，要结合学生的当前情况，并且对问题进行及时解决。

3）教学过程。

具体教学过程可以进行以下总结：学生通过教师的帮助，能够自主地对相关知识进行建构。这个过程是在学生个体的内部进行的。这个过程要依靠于学生当前所拥有的知识、态度和兴趣，并与新的经验进行结合。所以，教师在这一过程中，也要以学生当前所拥有的知识、态度和兴趣为基础，建构出的教学环境能够使学生在教学过程中获得经验，这样学生才能够在教师的促进中，对自己当前的知识进行建构。

4）用建构主义看待教师及其专业发展。

①不要将某种主义、某种教学法强加给教师，而应根据各种途径了解教师

现阶段所处的真实环境、思想观念等，而且还要根据他们的各种要求对教师开展相关的培训工作。

②可以进行反思式的教学，也就是说教师在教学过程中，可以对自己的教学方法或教学过程进行记录，然后再进行相关的讨论，从而对自己在教学过程中出现的问题进行反思。

（3）建构主义学习观

1）学习的实质。

①学习是认知结构改变的过程。建构主义者指出，对学习者的认知结构进行改变的方式就是同化和顺应。人的认知水平的发展就是这样一个结构变化的过程：同化—顺应—同化—顺应—……循环往复，平衡—不平衡—平衡—不平衡……相互交替。所以，建构主义认为学习的过程不是对信息进行积累，而是在学习的过程中，新的知识和旧的知识经验发生冲突，并在这个过程中学习者对自己的认知结构进行改变。

②学习是主体建构的自组织循环系统。就整体而言，学习就是一个循环的过程，而且是封闭性的，没有起点和终点可言。因此，建构主义者指出，思维和学习是通过已有的结构规定的，而不是由外部决定的。建构主义者希伯特（Hiebert）提出，学习的整个过程应该是：兴趣—知识—记忆—情感感知—反省—行动—平衡—摄动—重建—迁移—兴趣。

③学习是个体主动建构自己知识的过程。

建构主义学者指出，教师的教学过程不只是把知识直接教授给学生，而是让学生自己对知识进行建构，所以，学习是一个积极的建构过程。学习是新旧知识经验之间双向的相互作用过程，而不是简单的信息输入、存储和提取。学生是这个认知的主要构成部分，学习就是个体对现实世界进行建构和理解的一个过程，而且，理解的过程就是对于事物进行意义赋予的过程，这也就表明，学生定要切合自己的知识经验来对所建构的对象进行解释。

2）影响学习的因素。

①先前经验的作用。学生在学习过程中，脑海中要对即将学习的知识进行了解，或是有一个大概的印象。

②协作与对话的作用。

建构主义者将合作学习与协作、对话相结合，利用合作学习这一平台使协商对话得到满足。学习共同体之间的协商对话就是学习。

③真实情境的作用。

建构主义指出，在意义建构中，“情境”会起到很重要的意义，在学习的过程中，会和情境产生非常密切的联系。而且他们还指出，学习一定在特定的情境中才能够完成，而且知识也要处在这种情境中才能展现出其意义。所以，在教学中，要使学生始终处在一定的情境中，在这种情境中完成真实存在的任务，并且获取经验，建构知识，从而使学生掌握并且运用知识。

④情感的作用。建构主义认为，情感对认识和学习的影响包括以下几个方面。

第一，情感会对意志起到很重要的作用，有积极的也有消极的，如果是积极的就会使人对知识产生很浓厚的兴趣，如果是消极的，就会影响人们的认识能力。

第二，情感在人的认识方面也会造成影响，主要表现在指向性和选择性，情感在人们学习的过程中，会影响人们会选择什么样的认识对象，并且具有侧重点。

第三，情感在上下波动时会对认识的状态造成一定的影响。比如说，人的情绪处于稳定的状态时，就会对事情做出正确的判断。

第四，在评价中，应该和学习环境相结合，不应该只是应用于教学设计中，还有一点，造成学习结果的主体是学生本人，因此在评价中也应发挥学生的作用。评价的主要目的就是发现教学过程中不利于教学目标的部分，从而进行调整和整合。

第五，错误和失败的意义。建构主义认为，在学生有效学习和理解发展的途径中，出现错误以及对错误进行反省是不可缺少的。一个人只有在学习一个“正确”的答案并且能够成功地避免再出现各种错误可能时，他才能真正理解一种答案为何以及如何正确，也就是说，理解需要错误学习。因此，在建构主义者看来，如果出现错误，学生可以在一起进行讨论，发现问题的根源，并对其进行改正。

第二章 英语教学的组织与实施

第一节 英语学习环境、资源建设

一、自主学习的内涵

（一）自主学习的定义

人们普遍认可的自主学习的定义是“负责自身学习的能力”，此能力体现在学习者能明确自己的学习目标、决定自己的学习内容和进度、选择自己的学习方法和策略、监控自己的学习过程、评估自己的学习效果等。继“能力”说之后，中外学者从“态度”“环境”“综合”等方面对自主学习进行进一步的探讨和研究。不同的学者从不同的角度探讨自主学习的内涵，至今也没有统一的界定，但有一点可以看出：学习者自主学习能力的培养和提高是个复杂的过程，受诸多因素的影响。

（二）影响自主学习的因素

影响自主学习的因素很多，大致可以分为内部因素和外部因素。内部因素包含智力因素（如知觉、记忆、推理等以抽象思维能力为核心）和非智力因素（如学习动机和态度、自我效能感、学习策略和学习风格等）；外部因素可以分为社会文化因素、家庭因素、教育环境因素等。影响自主学习各因素不是孤立存在的，内部因素在学习者自主学习中起直接和主导作用，外部因素起推动和促进作用。自主学习既需要学习者内在的需求也需要外部条件的支持，是学习者与外部环境长期相互作用的结果。关于内部因素的论述已很多，故本节想从外部因素的学习环境因素出发，探讨对高职生英语自主学习能力培养的促进作用。那么什么是自主学习的学习环境呢？

（三）自主学习的学习环境

学习环境是影响学习者学习的外部环境，它包括物理环境（自然环境和网络环境）、资源环境（教材教辅、书籍、网络资源等）、技术环境（技术软件与理论系统）、人文环境（班风、校风、人际关系）等。在真实的教学活动中，教师根据教材内容、学习者的特性以及合适的教学方法，将教学环境设置为比较逼真的生活情境。这种教学环境可以开发成教学资源，同时教学资源的开发与利用又能进一步为教学提供更好的学习环境，促进高职生英语自主学习。因此，加强教学资源建设，可以优化自主学习环境。

二、英语教学资源利用和开发存在的问题

（一）英语教学资源利用率不高

在课题准备阶段，有关人士曾对英语专业的 164 名学生进行摸底调查。当问及“态度、能力、环境中哪个因素对英语自主学习影响最大”时，45% 的学生认为是环境，其次是态度（占 37%），之后是能力（占 15%）和其他（占 3%）。调查表明某校学生认为环境对他们的自主学习影响最大，学生希望有改进学习的环境来促进英语自主学习。也正因为如此，本节以自己所在高职院校为研究蓝本，从调查学生利用学校教学资源情况着手，进一步探究如何优化英语自主学习环境。英语教学资源包括软件资源（技术软件、网络系统、数据库等）和硬件资源（如教学设施和设备、学习材料和工具等）。

（二）学校英语教学资源开发建设不足

高职英语教学资源建设存在教学资源不足、已有资源未被很好利用等情况，具体表现在：

1. 英语教学资源较少，设备较为陈旧

目前学校供学生自主学习使用的英语资源类型主要有书籍、报纸杂志、光盘、课件、图书馆网络资源等，还有专为英语学习者使用的教学设备，如语音室、空中英语教室、英语角、英语多功能实训室等。但由于学校现有教学资源更新速度慢、视听说相结合的语料资源少、教学设备老化等，不能满足英语教学的实际需求，从某种程度上也导致了英语教学资源和教学设备利用率不高。

2. 网络环境建设不够

从调查发现，在环境因素的教学资源选项中，48% 的学生认为资源环境（含网络资源）对他们的英语自主学习最有帮助，但学校目前网络环境建设不够，学生学习的主要场所——教学楼和实训楼都没有 Wi-Fi。虽然教学楼和实训楼都有配置多媒体电脑设备，但没有网络支持的硬件设施只能起幻灯片的作用，无法发挥教学资源在英语教学的应用进程和效益，在教学中无法当场展示丰富的网络资源，这不符合当今高职流行的网络媒体形态构建教学信息环境的要求。

3. 英语特色资源开发投入不够

学校在英语方面的特色资源开发认识不足，投入不够，质量也偏低。虽然也购置了语言教学系统，由于未能形成互联共享环境也没有开发多方位共享方式，只能单个系统操作，造成资源的浪费，不能满足英语开放式教学的需要。英语自主学习资源库建设刚刚起步，还有很多资源亟待开发。

4. 缺乏必要的英语教学资源校际交流合作与资源共享

同许多学校一样，学校也拥有英语教学成果奖、特色专业、精品课程和多媒体课件，这些优质英语教学资源往往只受益于其所在学校，加上封闭式的管理和缺乏校际教学资源的交流合作，制约着各高职资源的共享，容易造成许多优秀英语教育教学资源闲置，没有发挥优秀英语教学资源应有的价值。

三、加强教学资源建设，优化英语自主学习环境

（一）营造良好的学习环境，启发学生自主学习的潜能

建构主义先驱、儿童心理专家皮亚杰认为，教育的真正目的并非是增加孩子的知识，而是设置既充满智慧又富有刺激的环境。教育的主要功能是创设最好的条件启发学生的潜能，挖掘学生学习的天性，提供给学生一个良好的学习和成长的环境，把教学环境逐渐开发成教学资源，把教学资源利用开发好，优化自主学习环境，从而启发学生自主学习的潜能，促进高职生英语自主学习。

（二）加强教学资源建设，优化英语自主学习环境

有关人士最近半年在高职访学，因此有机会了解当代高职生的英语自主学习情况，以及学校在自主学习环境创设方面的措施，并就有关问题在高职发放

问卷 226 份，收回有效问卷 222 份。下面，本节借鉴高职的一些举措，结合我校实际情况，探讨外语教学资源建设，希望对优化英语自主学习环境建设有所裨益。

1. 优化重组设备，充分利用已有的外语教学资源

图书馆是英语自主学习最重要的场所之一。高职 48% 的学生认为图书馆对其英语自主学习帮助最大，高职图书馆一周七天开放，从早上 8 点至晚上 11 点，最高时刻连续开放 15 小时。图书馆阅览座位 11000 个，每天常常座无虚席，图书馆利用率很高，学生们充分利用学校的图书馆，学校每年投入 100 多万元更新资源，形成了外语资源建设的良性循环。21% 的学生认为图书馆对其英语自主学习帮助最大，但学生对图书馆的使用率并不高，很多学生进图书馆是因为图书馆有 Wi-Fi，更令人担心的是 47% 的学生除了图书馆没有使用过学校的其他设施，例如我校空中英语教室，在 18 点到 19 点有播放新闻、英语四六级听力、故事、笑话、英语歌曲等内容的英语广播，学生只要戴上耳机就可以收听空中英语教室播放的各类英语节目，然而在这时间段每天戴上耳机听校园广播的同学并不多。学生没有很好地利用学校已有的外语教学资源，这是教学资源的浪费。教学设备和资源利用率低，学校就少投资，形成了外语资源建设的不良循环。所以目前首要任务是把已有的外语教学资源维护好、利用充分。

2. 充分合理利用网络资源，搭建英语自主学习平台

互联网的高速发展为高职生英语自主学习带来丰富资源的同时，也迷乱了高职生的视野。因此，教师应指导学生充分合理利用网络资源，介绍和收集一些适合学生英语水平的、实用的英语学习软件和英语学习网站，帮助学生更有效地利用网络资源进行英语自主学习。高职每间教室都应有多媒体设备和多功能实训设备，且这些硬件设备需要网络支持，没有网络支持的硬件设施难以获得高职生的青睐，也不符合当今高职流行的网络媒体形态构建教学信息环境的要求。高职应整合学校的硬件设备，合理利用网络，把学校建设成以教学为中心、以数字化为技术支撑、以多媒体为表现形式的新校园，让学校网络资源共享为学生自主学习搭建平台。在高职，不仅图书馆有专门的无须认证的 WiFi，教学楼、实训楼、食堂里也都有免费的校园 WiFi。便捷而实用的英语网络资源和英语自主学习平台可以更好地帮助高职生进行英语自主学习。

3. 加强英语学习资源库的建设

丰富的学习资源是确保学生语言学习的前提。英语是一门外语，更需要丰富外语教学资源的支持。目前高职英语教学资源少且大都以教学为主，学生自主学习资源的建设不足。学校应通过网络将多媒体教室、图书馆、实训室、语言实验室等联为一体，发挥外语学科的优势，满足不同专业和不同层次英语学习者的需要，满足学生听说读写有效自主学习的需要，形成一个真正共享的外语多媒体网络资源系统。所以目前首先要加强英语自主学习资源库的建立和更新。应依据学生的需求，收集英语教学资源，更新有关资料，加强教学资源库、习题库、电子图书馆等相关外语教学资源库的建设，及时增添有效资源。其次，教师引导和鼓励学生建立以学生为中心的自主学习资源库，引导学生在网络环境下自主探究学习，做自主学习资源库的先锋。在高职，教师将课前自主学习的内容巧妙设计成作业，然后在方法上和内容上引导学生去选择、组织、运用网络的信息，给学生提供了自主查阅各种学习资源的机会，学生将自身查阅到的内容向全班同学展示或进行分组汇报，之后全班交流讨论，转化为个性化的教学目标。这种在教师指导下的自主学习不仅能扩大高职生视野，也刺激学生消化所查到的资料，交流讨论又博采众长，同时丰富和拓展学习资源的范围，自主学习资源库也就慢慢建立起来了。这种学生参与建设的自主学习资源库内容更接地气，也更吸引学生进行英语自主学习。学生的兴趣提高了，设备资源的利用率也同时提高。

4. 加强校际交流合作与资源共享，丰富英语教学资源

很多高职因为担心优质资源共享而失去自己的办学特色，从而削弱自己的竞争力，造成许多优秀外语教学资源闲置，同时看不到外面世界的精彩。因此，各校应加强校际交流合作，努力促使优质外语教学资源共享，从而激活各校优质外语教学资源。例如高职图书馆很注重馆际交流，数字图书馆提供 24 小时馆际互借，实现高度的电子化、网络化的服务系统，为学生提供舒适的自主学习环境。高职由于资金所限，在外语教学资源建设方面或多或少存在不足，相信面临同一困难的高职院校也不是少数，高职院校外语资源建设无法与本科院校相比，本研究只是希望能为高职院校优化自主学习环境起抛砖引玉作用，希望各教育主管部门、学校领导和教师不仅在口头重视高职院校学生英语自主学习能力的培养，更要在行动上加强外语教学资源的开发和建设，主动改善有利于自主学习的外部环境，提高高等院校学生英语自主学习的效率，更快促进学习者自主学习意识和自主学习能力的形成与发展。

第二节 英语课程与教学方案制订

教学质量的提高，需要一批专业化的英语教师，专业化的英语教师需要专业化的教学设计，专业化的教学设计需要理解教学与评价一体化的发展趋势，需要专业化的教学与评价设计的理念、程序、方法和技能。从事课程转型的英语教师有必要学习教学与评价设计的有关知识，接受教学与评价设计的专业培训，发展教学与评价设计的专业技能。本节将从教学设计的概念、教学设计的程序、教学目标的设计、教学过程的设计、教学评价的设计这五个方面进行论述。

一、教学课程设计概述

（一）教学课程设计的定义

教学课程设计（含评价设计）是一个专业概念。美国教育研究者加涅首先提出这一概念。他在 1965 年出版的《学习的条件和教学论》一书中提出“教学是对学生在教师设置的刺激环境中适当反应的强化”。对此可以这样理解：如果学生学会了，那么他们在某个特定的环境下，就能表现出期待的行为。之后，国内外教育工作者围绕着“教学设计”问题进行了理论和实践方面的探讨，并形成了一门教师的专修课程。有学者提出：“教学设计是分析学习需要和目标以形成满足学习需要的传送系统的全过程。”所谓“形成传送系统”指的是：教师如何收集、分析、组织、整合、编制必要的教学信息。我国教学设计的研究者也提出了关于“教学设计”的定义。他们认为：“教学设计是以获得优化的教学效果为目的，以学习理论、教学理论和传播理论为理论基础，运用系统方法分析教学问题、确定教学目标、建立解决教学问题的策略方案、试行解决方案、评价试行结果和修改方案的过程。”“所谓教学设计，就是为了达到一定的教学目的，对教什么（课程、内容等）和怎么教（组织、方法、传媒的使用等）进行设计。

从英语教育的角度看，“教学课程设计”应包括：提出英语教学的基本理念；实施系统的专业设计程序；了解学生的实际需求；研究切合实际的教学策略；确定具有操作性的教学目标；规定和发展改善学生学习行为的教学过程；组织必要的教学资源；构成有利于过程监控的教学评价。

（二）教学课程系统化的设计

我们所说的教学设计应包括这五项内容：分析、设计、开发、实施和评价。“设计”既是对教学设计的总称，又是指其中一个环节。“ISD”模型自 1986 年在美国佛罗里达州高职作为一门课程推出后，得到包括加涅在内的很多教学研究者的认同，并逐步被普及到教师发展课程之中。我们认为，ISD 模型，对于我们当前实施《课程标准》，落实新的教学理念，具有较大的参考价值。

（三）教学课程系统化设计的重要性

在当前课程转型逐步向纵深推进的过程中，学习、理解和实施教学系统化设计是有重要意义的。这个意义表现在以下几个方面：一是有利于整体规划教学。“ISD”，可以引导教师把眼光放在教学的整体构建上，而不仅仅是停留在“备课”的水平上。二是有利于系统推进教学。可以引导教师把眼光放到教学的整体进程上，而不仅仅探讨“一节课”的成效，虽然一节课也是很重要的。三是有利于微观调控教学。“ISD”，可以给我们提供很多具体的教学调控方法。四是有利于提高教学实效。“ISD”可以帮助教师使用具体的技能技巧改善活动设计，优化活动管理。五是有利于全面评价教学。“ISD”本身就包含着评价设计，系统的评价设计可以促进教学的优化。六是有利于提高教学专业水平。“ISD”融会理论与实践的专业知识和技术，教师接受“ISD”课程的培训后，在教育思路、教学设计水平、教学评价水平和教学专业技能方面都会有明显的提高，上“ISD”，课程比仅仅接受语言教育理论要更有实效。

二、教学课程设计的基本步骤

教学设计程序的第一大要素就是设计程序的系统化。系统化教学设计要有序、严谨、务实。教学设计需要考虑以下八个方面的问题。

（一）分析学生需求

教师首先要根据学生的实际需求来确定教学内容，比如说，我们通过对学生需求的具体分析来针对性地确定新授的内容，强化训练的内容、巩固的内容和拓展的内容次序和比重。同时也要分析学生和环境，比如学生的个体差异、当前的情绪、主要学习动机以及教学班的环境和条件，等等。

（二）确定语言学习目标

语言学习目标包括语言知识、语言技能和语言应用三个方面。教师要做的事情是：依据各学段的要求，把知识、技能、应用这几个方面融合在一起，根据学生的实际状况和需求，设计服务于课堂教学的具体目标。

（三）设置真实行动目标

行动目标也可以称为任务目标。设置真实行动目标首先要确定话题，在确定话题之后就要考虑它所使用的语言，同时设置什么样的情景，要达到什么目的，其中还要涉及人际关系和情景互动，采用什么样的行动，最后达到什么样的结果。下面举一个实例，主题是 Shopping（购物）。围绕购物这个主题，我们要考虑使用哪些语言，同时考虑设置什么样的情景。购物自然要把情景设置在商店里面，人物主要指的是售货员和顾客，他们通过卖和买之间的语言和行动的互动，最后实现购物的目的。为了把目标落到具体行动上，我们就不能仅仅笼统地讲："能够使用所学语言购物"，而应当把Shopping的主要行动分解为以下几个步骤。

——询问和提出购物的需求 Can I help you?I want to buy a shirt.

——了解和提供商品的信息 What about this one?It' s nice, but it' s too big.

——选择商品 A：Can l have a book at that one?B：Yes, here you are.This is a new type.

——询问和提供价格 A：How much is it?B：It' s 98 yuan.

——成交 OK，I' ll take it Here' s the money.Thank you Here' s the change.

——结束购物行动A: Thank you very much. You're welcome Goodbye. B: Goodbye!

（四）组织教学资源

教学资源是为实施教学目标服务的，包括主体资源和辅助资源，主体资源又包括规定资源（主选教材）和自选资源（教师自主开发）。教师应当从教学系统设计的整体构想上完成教学资源的整合，超越所谓“教科书”的传统框架，能动地品评、选择、重组教学资源，自主地利用其他可用的资源。

（五）设计教学过程

设计教学过程是教师比较熟悉的课题。但是，教学过程设计有经验型设计和系统型设计的区别。前者只停留在课堂教学步骤的排列上，后者则有宏观设计和微观设计之分。宏观设计是对一个学习阶段和需要更长的教学时间跨度进行过程设计；微观设计则主要涉及课堂教学过程设计。另外，经验型设计的教学步骤，只是一个线性程序，即 A+B+C+D+…等。

（六）选择学习活动类型

活动在课堂教学中起着重要的作用。不同学段的学生要选择不同的、适合他们学习的活动。比如在一堂课的教学活动中，教师要结合学生的实际，选择哪些是真实的活动，哪些是属于游戏性活动，哪些是操练性活动；同时，要考虑到学生活动的形式是个人的还是结对的，是小组的还是全班的。所以，在选择活动的类型以及学生活动的形式上，教师要注意高效、务实、多样。

（七）设计教学评价方案

在整体的教学过程中，过程评价和总结评价是交替实施的。在课堂教学过程中，则主要涉及过程评价。在教学过程中，教学和评价应融为一体，我们可以通俗地解释“一体化”概念。教师在实施课堂教学时，应当系统考虑下述问题：如何确定学生的表现性评价目标？如何观察和收集有关学生表现的重要信息？如何运用评价手段诊断学生学习行动？在设计评价方案时，教师应注意发挥学生主体评价的效能。评价设计应当包括学生评价活动的设计，学生采取自己活动的有关信息的方法设计，学生应当实施小组评价设计。

（八）合理地利用媒体的力量

我们这里说的媒体是个广义的概念，它包括常规媒体和现代技术媒体。随着 IT 的迅速发展，现代技术型媒体已被广大英语教师运用到实际教学当中，其中不乏精彩的媒体作品设计。这里，我们倒是有必要强调一下对常规媒体的有效设计问题。事实上，教学系统化设计（其中包括过程评价设计）也应当系统地处理常规媒体（板书、简笔画、挂图、卡片等）的系统利用问题。教师应努力将常规的媒体与现代的媒体有机地结合起来，高效地用于课堂教学中。

三、英语教学目标的设计

在“ISD”中，英语教学目标设计、教学过程设计和教学评价设计对我国高职英语教师来说，是三大重点课题。我们首先研究一下英语教学目标的设计。英语教学目标的设计首先要参照《新课程标准》中提出的总体目标：“基础教育阶段英语课程的总体目标是培养学生的综合语言运用能力。综合语言运用能力的形成是建立在学生语言技能、语言知识、情感态度、学习策略和文化意识等素养整体发展的基础上的。语言知识和语言技能是综合语言运用能力的基础，文化意识是得体运用语言的保证，情感态度是影响学生学习和发展的重要因素，学习策略是提高学习效率、发展自主学习能力的保证。依据综合语言的目标，我们分别从以下五个方面来确定教学的具体目标。

（一）语言知识目标

语言知识目标主要包括五个方面。

1. 语音

英语音素（元音和辅音）、语音拼读规则和语调是语音目标的三个组成部分。设置语音目标主要是在课程进行中系统安排这三个方面的知识和操作，而且重点在操作。

2. 词汇

词汇目标涉及词汇量、基础词汇目标（按语料统计为 700 词）、词汇拓展的等级划分、短语、习惯用语和固定搭配的学习项目以及词汇的主要用法等。

3. 语法

语法目标需要确定语法学习的范围，并以句型为主要形式提供主要的语法条块（如名词、动词、时态等）的具体学习项目（即具体目标）。语法目标设计的关键环节是对语法知识的细分，同时还要注意把语法形式、意义和应用三者有机结合起来。

4. 功能

功能项目目标就是我们一般所说的日常交际用语。功能目标设计的关键环节是在教学过程中合理分布功能项目。

5. 话题

所谓“话题”目标，指的是按话题确定以上几项知识内容的生活归属。我们可以称之为“话题知识”。这是一种新的知识分类办法，具有按照实际生活需求来组织语言知识的特点。

（二）语言技能目标

技能目标在《课程标准》中已经做了具体的划分和等级界定。教师在进行教学设计时应当依据《课程标准》把微技能合理地安排在各个学习阶段。这里，我们把听、说、读、写四项技能涉及的主要的学生表现进行一个简要的描述。

1. 听做反应

技能达标的最初级水平是依据输入信息做出恰当的反应。听的技能的初级表现是听做反应，TPR（Total Physical Response）就是听做反应的一种，但是，除此之外还可以有各种各样的听做反应，如Listen and do，Listen and paste，Listen and make等。

2. 说唱反应

学生在儿歌、小诗、绕口令等说唱和表演中来实现语言技能的目标，通过说唱来体验、感知、学习和运用语言。此类反应在高职阶段更为突出。

3. 对话表演

学生学习会话的初级水平是理解对话，理解的具体表现可以是表演。表演并不是真正的对话，但它可以帮助学生体验对话的过程。

4. 角色扮演

学生在课堂中能够实现的技能目标是角色扮演的具体行动。角色扮演比对话表演的水平要高一些，因为在角色扮演中，学生已经不是“念台词”，而是以特定角色来模拟教材中的示范性对话。这里有更加灵活的实际表现。

5. 情景反应

情景反应是一种对特定情景的随机反应性行动，你有来言，我有去语，“来言”和“去语”却发生在具体情景中。此时的学生表现已经可以脱离教材中的示范对话。

6. 口头交流

在积累了上述表现之后，学生就可以进行口头交流了。口头交流的特点是完全按照语境要求有目的地倾听他人并有目的地回应他人，同时有目的地表达自己的意见。情景性和随意性是口头交流的本质特征。

7. 读做反应

学生接受书面信息，然后做出相对简单的反应，如 Read and choose，Read and number，Read and match，Read and made...

8. 阅读理解

实际上，读做反应也是阅读理解。但只是相当于初级的理解。所以，我们把读做反应从阅读理解中分离出来。为什么？因为学生在阅读过程中首先能够做到的是简单的读做反应，然后才能对一个表述的较为综合的意见，做出自己的理解反应（如选择、回答、圈点、排序、配伍），虽然这样的行动反应本身不一定复杂，但它必须建立在综合理解的基础上。

9. 读写反应

读了书面信息，根据情景和沟通目的，再写点什么。这一表达高于“读做反应”和“阅读理解”，因为它要求学生既要输入理解信息，又要输出信息，写出他心中所想、书面表达。在技能表现的等级排序中，口头交流和书面表达位于最高层次。因为它们是真实的语言沟通活动，是语言教育在技能上要求的最终目标。

（三）情感态度目标

情感态度是可以评价的，这是我们坚信的一条原则。因为情感态度可以有各种外显的表现。概括起来，情感态度的表现可有以下几个方面：

1. 持续的信心

学生相信自己能做好，而且在受到某些挫折后，仍然相信自己能做好，他们的行动可以验证他们持续的信心。

2. 浓厚的兴趣

学生非常关注一件事、一个学习活动、一种言语表达情景，愿意投入到活动中去，并总是十分主动地提出参与的行动，这就是浓厚兴趣的表现。积极的态度。学生爱学英语，喜欢自己的教师，喜欢自己的小组，愿意参加小组活动，这些都是积极态度的表现。

3. 明确的动机

学生有明确的英语学习动机，明确英语学习的目的是为了沟通与表达。这样学生才能产生一种内在的动力，有一种急于尝试的渴望，有一种主动行动的冲动。基于这些内心活动的听、做、演、说、写、交谈等都是明确动机的表现。

4. 丰富的情感

我们强调真实自然的语言运用，强调动情地用语言做事。在参与学习过程中，能够本能地显示自己的感情，能够适应具体情景表现出应有的感情，伴随着内心情感的起伏，学生能够显示特定的表情、姿态、手势和人际互动，这些都是丰富情感的表现。

5. 有效的配合

情感态度是在人际间存在的状态。所以，情感态度目标应当包括人与人之间的行动配合，有效的配合是基于良好的态度和良好的情绪的。

（四）学习策略目标

在目标设置上，学习策略应体现出具体的学习技能。教师应从以下几个方面设置学习策略目标：

1. 明确学习问题

学生应当知道："我要做什么？""我为什么做这些？""我做这些有什么困难？""这些困难怎么解决？""我当前最主要的问题是什么？"等。

2. 计划学习时间

学生应当学会时间管理。计划是学习策略的重要目标，而时间管理是规划自己行动的前提。其中包括："我下周（月）做什么？""我把主要时间用在什么问题上？"等。

3. 学会记笔记

记笔记是一种信息管理方式，这项技能应当从高职抓起。学生应当学会摘记，使用关键词语、整理要点、概括教师指导的要领、速记行动过程、使用表格、使用符号等。

4. 学会主动提出问题

对学生来讲，意识到困惑是一回事，主动提出自己的问题是另一回事。教师应该引导学生主动提出自己的问题。

5. 学会小组互动

合作学习需要以有效的学习技能为支撑，其中学会小组互动最为关键。具体内容有学会领导一个小组、学会主动参与小组活动、学会求助小组集体的帮助、学会帮助小组中的伙伴、学会配合小组成员共同完成任务等。

6. 积极与教师配合

学生应当与教师建立一种平等互助的关系，而建立这种关系本身就是学习策略目标之一。具体内容包括：主动呼应教师、主动参与教师引发的活动、主动提出问题、帮助教师解决问题等。

7. 学会使用工具书

学生资源策略的一个重要组成部分就是学会使用工具书。学生应当能够知道工具书的功能、能够在教师指导下选择工具书、能够用工具书查找信息并解决疑难问题。

8. 探索适合自己的英语学习方法

学习方法对学习效果起重要作用。教师应鼓励和引导学生学会不断地改进学习方法，提高学习效果。

第三节 英语师资队伍建设

一、高职英语教师的基本特征。

首先，高职英语教师需要承担大量基础性教学工作，因此高职英语教师必须对本职的教学工作拥有相当高的责任心及敬业精神，同时必须具备良好的职业道德、高尚的个性人格、克己奉公、热爱自己所从事的教育事业、热爱自己所教授的学生等良好品质。其次，高职英语教师必须具有扎实且系统的专业知识，具有较高的理论水平，在专业领域中不断丰富自我，掌握本学科发展的前沿动态，更新优化自身的知识结构。

同时，高职英语教师还必须掌握教育科学的基本理念，掌握教育教学的基本方法和规律，并在此基础上涉猎自然科学、社会科学、哲学、史学等，以期为高职英语教学提供雄厚的知识基础，在深度和广度上不断拓展高职英语教学的内容和内涵，兼顾高职英语的工具性、人文性和专业性。再次，高职英语教师还必须具备教学组织能力和教学技术。高职英语教师必须明确如何选择合理的教学方法，如何合理地安排教学内容和教学时间，使自己的授课具有科学性和艺术性。最后，高职英语教师还必须具备较强的独立研究能力，通过科研来更新自己的知识结构，把新知识、新技术运用到教学之中，提升教学质量、教学效率和教学效果。

二、高职英语师资队伍建设的建议

《国家中长期教育转型和发展规划纲要（2010-2020 年）》对于高职人才培养提出明确的目标，高职应该时刻关注国际形势，结合本校实际，培养国际化人才。因此，为了体现英语教育尤其是高职英语教育的意义和价值，高职应将高职英语教育视为本校整体特色发展的重要组成部分，通过高职英语教学反映本校办学及人才培养的特色，提升学生的英语学术能力和跨文化交际能力，开阔他们的国际化视野。为了实现这一目标，高质量的高职英语师资队伍建设任重道远。

（一）以教学为中心，坚持教学科研并重

高职英语师资队伍建设的首要理念就是以教学为中心，坚持教学科研并重，教研统一。高职英语教师必须正确处理教学与科研的关系，彻底摆脱“重教学、轻科研”的传统观念，把科学研究作为高职工作的一个重要部分，把教学与科研的结合作为自己发展的目标和方向，把在持续系统的科学研究中所取得的研究成果融入教学实践进行检验，不断提高自身的教学水平和科研水平。

（二）加强教学团队建设，发挥集体智慧

高职英语教学必须服务于学校的办学目标，服务于院系的专业建设需要，服务于学生的个性化发展需求。为此，高职英语教师应组建不同教学方向的团队，发挥集体智慧，构建符合学生发展需求的多元化模块课程体系，并在此基础上逐渐打造符合本学校特色的校本高职英语教学体系，突出本校高职英语特色。

（三）加强人才引进与培养，构建结构合理的师资队伍

针对一些高职英语教师“近亲繁殖”和学术同质化的问题，高职必须多渠道地引进英语教师，同时允许和鼓励本校英语教师跨出自己的专业范畴，攻读其他知识领域学位，在提升教师学历层次的同时，实现跨界发展。与此同时，高职应该多角度、多途径地对本校英语教师进行培训，开阔高职英语教师的视野，提升高职英语教师的教学能力和学术能力。

（四）以绩效考核为抓手，采取多元评价方式

建立科学、合理的绩效考核制度，着重考核教师的教学工作量、教学质量、教学创新和学生培养质量，同时将高职英语教师的科学研究纳入绩效考核之中，与教师的聘用、晋升等挂钩，并采取行之有效的激励机制，奖惩结合。在评价教师时，使用自我评价、同事评价、学生评价和专家评价等不同方式，对他们进行全面、细致、科学、准确的评价，以评促建，以评促改，提升教师的职业道德素养和教学科研水平，培养教师的科学精神和创新意识，使其掌握科学知

识和方法，形成教学科研能力。

（五）更新专业知识，提升教学技能

社会在不断变革之中，知识在不断更新，新技术在不断被发明使用。高职英语教师需要研究新知识和新技术所带来的教学过程、教学方法以及教学手段的变化，并在原有基础上不断更新本学科的专业知识和技能，熟练掌握微课、翻转课堂等现代教育技术所带来的新型教学模式和方法，提高自我素养，积极应对现代教育技术所带来的革新。

（六）加强学科建设，促进教师职业发展

确立高职英语教学研究的学科属性与定位为外语教育学，这对于解决高职英语教师发展问题起着至关重要的作用。明确了高职英语的学科属性和地位后，高职英语教师对于自身的后续发展也就有了明确的方向。建设高职英语师资队伍时应该使教师形成学科意识，认准学科发展方向，摆脱自身发展目标不明确的困扰，不断提升教师对自己专业发展的认可，并以积极的姿态、主人的身份参与到专业发展中，实现专业化、职业化和个性化发展。

高职英语师资队伍建设是高等学校提升教学质量的重中之重，也是培养多元化复合型人才的必由之路，需要参与教学实践和教学管理的多方面人员的群策群力。在明确以教学为中心的基本理念下，采取多重手段激励、鼓舞、支持教师自身的提升进而最终实现整个高职英语教师队伍的合理化构建和发展。

第四节 英语课堂教学方法

一、高职英语教学方法分析

（一）课堂趣味教学法

情趣是学生最好的教师，学生有了兴趣就会从被动学习转变为主动学习，从而大大提升英语教学的效果。同时，兴趣也是教师在课堂教学过程中，保质保量完成本次教学计划的前提条件。所以英语教师在课堂教学活动中，应充分活跃课堂气氛，培养学生学习兴趣，让学生有机会展示自己。兴趣教学可以帮

助学生得到锻炼的机会，提高运用英语语言的能力。鉴于兴趣教学的优势，笔者认为可以从以下方面培养和激发学生学习英语的兴趣：

首先，通过角色扮演，提高学生英语口语的表达能力。英语是一门语言课程，语言的学习需要通过不断交流，才能更好地掌握。因此，在英语教学中，应注重对学生口语的训练，尽可能地为学生提供锻炼英语口语的机会。在课堂教学活动中，将应试的阅读方法变为可以分角色扮演的方法，让每个学生在课堂教学活动中扮演一个角色，并让每个学生都有交流的机会，集中学生注意力，活跃英语课堂教学氛围，培养学生英语语感。

其次，实施课堂辩论法。课堂辩论教学方法是以学生为主体的新式教学方法。这种教学方法目的是让学生成为课堂主体，让学生决定课堂教学的方向，改变了以往教师是课堂教学主体的教学方法。将学生分为两个派别，每个派别针对不同的教学活动提升自身的观点，并就这些观点进行辩论。让学生在课堂辩论中明辨是非，掌握更多知识。在英语课堂辩论教学活动中，教师为双方学生设置两个观点，两组学生各取一个并就围绕各自观点进行辩论。通过这种辩论式的课堂教学方法，调动了学生学习英语的积极性，达到良好的教学效果。

最后，采取影音欣赏教学法。对于大多数人来说学习语言是最困难的，学习语言是一个漫长而又枯燥的过程。教师一味地采取讲解英语语法和翻译课文的方法，学生对学习英语的兴趣必将消失殆尽，直到最后产生厌学的倾向。教师在完成相应的教学计划后，适当地安排些时间让学生欣赏英语类的影视作品和英文歌曲，在学生欣赏的过程中，要求学生对影音作品中出现的经典单词和经典英文句子进行学习，掌握这些单词和句子的读音和意思。通过影音教学方法，让学生在一定程度上得到放松，同时又能提高英语听说读写的能力，增加了学习英语的兴趣。

（二）反馈式教学方法

反馈式教学方法是目前高职改善英语课堂教学推出的新式教学方法。反馈式教学方法是指在开展课堂教学活动之前以问卷的形式获知学生对课堂教学的期待，学生希望得到何种课堂教学方法来提高自身的学习基础和学习目的。以上述方法为基础设计教学目标和教学策略，在整个教学过程中教师根据问卷反馈的情况，及时对设计进行调整和改进，使教学设计尽可能地满足学生对课堂教学的需求，尽可能地贴近学生接受知识的能力，以此达到课堂教学效果最大化。这种全新的教学方法，充分体现了学校教学以学生为中心的教学宗旨。

以下是反馈式教学方法的阶段及特点：

1. 课堂教学期待阶段。

这个阶段是确保反馈式教学方法开展的重要阶段，也是最为关键的阶段。教师一旦处理好这个阶段的教学问题，反馈式教学方法也就能顺利地展开。教师根据教学目标对教学单元的内容、语言、知识背景以及文章结构等项目设计详细的问卷，通过对学生的调查和学生反馈来的结果，作为教师课堂教学转型的重点，依据反馈上来的结果确定课堂教学转型的方向和内容。

2. 教学目标设计阶段。

通过课堂教学期待阶段的问卷设计及学生对课堂教学期望的反馈，教师可以对反馈结果进行分析、统计和整理，将教学目标化整为零，精心设计本单元需要完成的教学目标和相应的教训策略，达到设计的教学内容符合学生期待的教学目标。

3. 教学过程补充阶段。

教师根据学生问卷设计的教学内容进行课堂教学，这是反馈式教学内容实施的阶段。在这个阶段教师需要注意的是在实际的课堂教学活动中，教学效果未必能达到预期的效果，这就需要教师在课堂教学过程中，依据学生对课堂教学的反应及时进行改进，以此达到课堂教学效果最大化。

4. 通过其他媒介，进行课堂教学反馈活动

有时候学生面对教师设计的问卷调查不能反映学生所要表达的内容，学生又不愿意面对面与教师进行沟通的时候，网络、短信以及电话等其他媒介是学生与教师尽心沟通最为有效的途径。教师可以在网络上设计不同的问卷调查表，面向更多的学生进行调查。同时，教师可以根据不同学生的需求设计不同的调查问卷，有利于全面、及时地掌握学生期望的课堂教学方法。

（三）互动教学方法

传统的课堂教学方法注重的是教师在课堂教学活动中起到的作用，由教师带领学生对单元知识进行学习，学生在这种课堂教学活动中是以被动接受为主，完全不能达到学生、教师以及学校的教学目标。为了改变当前高职生英语学习的被动性，一种全新的以学生为主的教学模式正逐步被广大师生接受，越来越多的学生主动参与到课堂教学活动中来，并对这种课堂教学模式产生了浓厚的兴趣，这就是互动式课堂教学方法。所谓互动式教学方法就是以教师为主导，以学生为主体的教学模式，指在课堂教学活动中，教师通过一系列手段启发和引导学生接受知识，学生主动参与课堂教学活动，实现教学目标和学生学习目标的教学措施。

互动式教学有利于学生更好地接受知识，激发学生自主学习兴趣，提高教师课堂教学能力。以学生为主体的互动式教学模式，打破了传统的以教师为中心的单一的教学模式。它是一种全新的教学理念。学生为主体的教学模式，让学生全面参与到课堂教学中，成为教学活动的中心。在英语课堂教学互动中，教师是引导学生进入课堂学习，指导学生成为课堂教学的中心，应充分发挥学生主观能动性，调动学生主动学习的积极性，有利于提高学生英语学习成绩，达到教学目的。

以教师为主导的互动式教学模式，颠覆了以往学生一直处于被动授课的局面，让学生主动参与到课堂教学活动中，主导学生更好地学习。教师根据教学大纲并结合学生自身特点，设计课堂教学计划。教师在课堂教学中引导学生，激发学生学习兴趣，减少说教时间，腾出更多时间来指导学生进行自主学习。

随着我国经济社会的发展，社会对高职生外语能力的要求逐步提高，高职英语的教学也受到各方面的极大重视。高职英语教学转型是当前高职教育转型中一项至关重要且具有一定难度的课题，高职英语教学方法的转型从根本上来说是教师、学生和高职教学观念的改变，高职英语教师要与时俱进，紧跟时代步伐，不断地对教学方法进行转型和创新，是我国高职英语教育不断前进的根本所在。然而，对于英语教学转型中遇到的问题和弊端，需要高职英语教师不断努力探索和改进教学方法，使高职英语课堂教学更适合高职生需求，符合高职教育体制转型的步伐。

第五节 英语教学评价原则及方法

一、英语教学评价的主要内容

（一）对学生学习的评价

对学生学习的评价不仅包括对学习成效的评价，而且涉及对学生学习条件、学习过程的评价。

1. 对学生的评价应以综合形成性评价为标准

所谓综合形成性评价，就是在对学生做出评价时，对他们在学习过程中表现出的情感、态度、学习策略、掌握基础知识、基本技能、运用英语的能力以及表现出的发展潜能等，进行全面综合性的评价。综合形成性评价有助于改变英语教学中一切围绕考分转，为考而教、为考而学，片面地以考分衡量学生的弊端。

2. 对学生学习过程应有诊断性评价

英语课程应面向全体学生，力求为每个学生的充分发展创造条件，为学生的终身学习打下基础。英语日益成为我国对外开放和与各国交往的重要工具。学习和掌握一门外语是对世纪公民的基本要求之一。因此语言学习的成功，不在于“跃过龙门”的学生有多少，而在于实际运用语言的效果有多好。这种已有或将要达到的“效果”，很难采用表象的阶段性的测评方式做出准确评价。因此，不能仅以期中期末考试的成绩来对学生做出表象性评价，还应对于学生平时的学习过程，每一阶段的深层次情况及内在潜能等，做出全面的诊断性评价。诊断性评价为因材施教提供依据，使课堂、教材和教学方法都能适应学生的基础和个性。

3. 评价应体现在听、说、读、写四个方面

目前的英语教学普遍存在“费时较多，收益较差”的现象，考查也大部分只考查笔头的能力，往往用考试题来替代语言练习。而语言和学习语言的目的

是为了交际，因此，考试形式要包括听力测试、笔试和口试。听力测试在考试中所占比例应不少于 30%，听力测试在着重检测学生理解和获取信息的能力，不能把脱离语境的单纯的辨音题作为考试内容。

4. 评价应采用多种方式，以增强学习的自信心

以往的大多数评价以分数说了算，以一次成败论“英雄”，严重挫伤了学生学习英语的积极性，因此，评价方式可由教师对学生评价，也可以由学生实施交互评价和学生自我评价，可采用宽松、开放式的描述性评价方式，有益于树立学生的自信心，培养学生的学习能力，激发他们成功的欲望，形成继续学习、争取进步的动力。

总之，对学生的评价应坚持形成性评价和终结性评价并重的原则，既关注结果，又关注过程，既有诊断性评价，又有互动性全方位的综合性评价。这样，才能促使学生形成健全的人格，为他们的可持续发展打下良好的基础，有利于更好地实施素质教育，全面提高英语教学质量。

（二）对英语教师课堂教学的评价

良好的教师素质，不仅是教育的基础和前提，也是学生学习的直接推动力，是有效的教育工具和手段。教师的品格意志、道德面貌、情感态度、学识能力和言行举止都会对学生产生潜移默化的影响，具有巨大教育价值。因此，在英语教学评价中，教师的素质，可以说是实施素质教育和提高教育质量的根本措施之一。教师应该是课程的开发者和创造者。课程转型为教师创设了广阔的空间让教师发挥和创造，同时也是对教师的专业素质和教育教学实践提出了挑战。

依照新的课程标准，教学目标与结果、教学对象、教学内容、教学方法与教学过程以及教学评价都与以往的教学有不同的特点，这就要求教师创造性地进行工作，改变教书匠的角色。对教师的评价应关注教师的背景和基础以及个体差异，通过多种渠道收集体现教师教学表现和水平的资料，鼓励教师积极参与到评价中并反思自己的教学。有助于提高教师的职业素养和教育教学能力，激发教师不断改进教学的主动性和创造性，促进教师自我价值的实现和提升。

（三）对学校组织实施英语课程的评价

1. 教学理念

教学理念是课程价值取向的思想基础。根据英语课程的性质，课程标准遵循以学生发展为本的教育理念，把学生身心健康的发展作为课程的出发点和归宿。围绕理念课程标准提出的六个基本观点，体现了现代课程的观念，体现了现代英语教学研究的最新理论和成果，这六个基本观点的基本内涵分别是英语课程要创造一种适合所有学生的教育体系，英语教育谋求的结果是学生综合运用英语的能力和通过英语学习使学生在情感、素养和学习能力等方面得到发展。

2. 教学目标

英语教学目标有四个层面的含义：培养学生的综合语言运用能力是基础教育阶段英语课程的总体目标；学生语言技能、语言知识、情感态度、学习策略和文化意识等素养的整体发展是综合语言运用能力形成的基础教学目标，以学生在这五个方面的综合行为表现为基础进行总体描述，揭示了语言的社会性、实践性和人文性。

3. 教学内容

根据总体目标指向，教学内容标准可分为语言技能、语言知识、情感态度、学习策略和文化意识五个方面。

二、评价的原则

在实施英语教学评价的过程中，必须坚持以下原则：

（一）体现学生主导地位的原则

学生的发展是英语教学的出发点和归宿。因而评价要突出以学生为主体的思想，在各类评价活动中，学生都应是积极的参与者与合作者，教师是教学的组织者、指挥者，要对学生的学习过程、活动以及学生身心发展状况及时做出评价，要适时地指导学生开展各种评价。对学生的学习评价要以学生的需要为依据。评价要反映他们的需要。学生是评价实施的主体之一，对学生的学习评价要在教师的指导和引导下使学生认识自我评价对学习能力发展的意义，学会自我评价、相互评价的方法。学生的自我评价、相互评价应成为形成性评价的重要组成部分。教师要在评价中发挥主导作用。在评价中其主导作用具体体现在指导学生学习方法及评价方法，引导学生反思及调控学习过程，引导学生发展。

总之，学生是学习的主体，评价应以学生综合语言运用能力发展为出发点，评价应有益于学生认识自我，树立信心，有助于学生反思和调控自己的学生过程，有助于学生学会自我评价。在各类评价活动中高职生都应是积极的参与者和合作者。

（二）体现过程与结果并重的原则

在英语教学评价中，应采用形成性评价与终结性评价相结合的方式，既关注结果，又关注过程，使对学习过程和对学习结果的评价达到和谐统一。终结性评价便于横向比较，能较准确地判断评价对象是否达到了某种标准。但不利于纵向比较，即不易反映评价对象的活动过程和今后发展潜力，不利于调控。形成性评价有利于纵向比较，便于对发展趋势做出分析和判断，更好地调控、指导，利于激发评价对象的进取精神。但它却费时费力，同时不便于横向比较。只有把两种评价结合起来，发挥各自的优点，才能使教学评价发挥更大的效用。

1. 注重形成性评价对学生发展的作用

形成性评价是教学的重要组成部分和推动因素，它通过对学生日常学习过程中的表现、取得的成绩以及所反映的情感、态度、策略等方面的发展做出评价，以激励学生学习，帮助学生有效调控学习过程，使学生获得成就感，增强自信心，培养合作精神。因此，教师要根据评价结果与学生进行不同形式的交流，充分肯定学生的进步，鼓励学生自我反思，自我提高。

2. 终结性评价要注重考查学生综合运用语言的能力

终结性评价如期末考试、结业考试等是检测学生综合语言运用能力发展程度的重要途径，也是反映教学效果、学校办学质量的重要指标之一。要以考查学生综合语言运用能力为目标，力争科学地、全面地考查学生在经过一段学习后所具有的语言水平。测试应包括口试、听力考试和笔试等形式，全面考查学生综合语言运用能力。

（三）全面性与独特性并重的原则

在教学评价中，同时要重视评价标准的全面性和评价对象的独特性。所谓评价标准的全面性，是指在教学评价中，要全面考虑教学、学习活动中的各种因素，不应过分地强调某一因素，否则会导致系统失去平衡。具体地讲，英语教学评价就应围绕培养学生综合语言运用能力这个核心，对学生学习过程中语言知识、语言技能、学习策略、情感态度以及文化意识等方面尽可能进行全面的评价。

（四）科学性与可行性相结合的原则

科学性是指教学评价从制订方案、建立标准到搜集、处理和分析有关信息，做出判断，都要以科学的态度，采用先进现代的评价工具和方法来进行。比如，对学生英语学习评价的内容不仅包括语言知识、语言技能和实际交际能力，还应当包括学生在学习过程中所表现出来的情感、态度、价值观和发展潜能等。评价应包括测试性评价和非测试性评价。测试中的听力、口试、笔试所占的比例要合理。另一方面，要考虑客观实际条件，不应把评价程序、方法和标准弄得很复杂。因为评价过程过于复杂，就会使参与评价的人无法按要求操作而随便应付，甚至使评价人产生厌烦情绪，即使评价方案、方法等都很科学，但得不到很好的执行也不能取得好的效果，甚至失去评价的意义。因此，在制订评价方案和进行评价时，不仅要强调科学性，也应注意可行性。

（五）评价与指导相结合的原则

评价与指导相结合是指按一定的原则、标准对评价对象已完成的行为做出肯定和否定的判定，同时应把评价结果上升到一定的理论高度加以认识，并根据评价对象的主、客观条件，从实际出发，指导评价对象改进教学和学习，把握今后的发展方向，使评价对象能够发扬优点，克服缺点，以取得更大的进步。在英语教学中，评价的内容较广泛，原则上，评价什么内容，就应对其中存在的问题进行分析和指导，否则评价工作就会失去意义和价值。因此，我们要重视评价结果对学生学习及教师教学的反馈作用，重视评价后的指导。只有从评价到指导，从指导到评价，往返无穷，才能有效地促进学生的发展。

除此之外，还应注意处理教学与评价的关系。进行评价时，应当考虑评价活动占课堂整体教学时间的比例。各个级别的评价要以课程目标为依据。

三、评价的方法

（一）自我评价

自我评价是指在学习过程中高职生依据评价标准对自己的学习和行为进行的评价。这种评价要求学生反思、肯定自己的进步、成绩，并找出存在的问题。为了让学生评价自己的学习和行为，他们需要有好的榜样。这样，教师必须和学生一起具体制订各项评价标准。学生参与了标准的制订，其后还需要有机会运用这些标准，对实际作品和行为进行评价。首先他们可以以小组形式对范文范例进行评价，然后开始独立的自我评价，找出自己的精彩之处和问题所在。学生根据自己的弱点调整学习目标，教师针对学生的弱点和需求对自己的教学计划进行改进，使课堂指导更有效。此外，在学生进行自我评价前，教师还要帮助学生学会自我评价的技能，让学生持之以恒，养成习惯。有效评价要求学生投入。这种投入可以使他们进行反思，也可以使他们肯定自己学习的努力，并看到改进的必要性以及进取的可能性。

（二）学生互评

学生互相评价是在教学过程中，以划定的学习小组为单位，依据评价标准，同伴之间对学习条件、过程及效果所做的评价。可以让四五个学生评一个学生，每一个学生对被评价学生的学习行为写出评语，指出优点和提出改进建议。反过来，被评的学生将根据同学和教师的评价写一个总结，确定自己的改进目标。通过评议，学生可以充分理解评价的标准，逐步增强“我也能做”的信心。同时，让他们学会信任、诚实、公正地对己和对人。同伴评价的最重要的一点是要了解对方的学习，包括学习经历，并运用互相评价来鼓励学生合作和向他人学习。通过与同学讨论，学生可以说出他们的忧虑和困扰，听取他人的观点，进而确定自己的努力方向。这样，可以加强同学之间的了解、关心和帮助，也可以全面地、公正地看待自己和他人。

（三）教师评价

学生的自评和互评，都必须与教师的评价结合起来。在对学生进行评价时，教师要指导和管理学生自评和互评，同学生一起反思，听取学生对教学的意见，确定改进教与学的目标。另外，还要给学生写评语。教师的评语应该简短、具体，并有针对性。评价应包括优点和缺点两方面。可以将评语附在学生的作业本上，以便使学生获取诊断性信息。教师评价还可采用日常记录的方法，或采用学生行为评价表和评价量表以及座谈的形式，这样，教师、学生共同协作建立起与学习目的、个人需要以及整个班集体需要的评价方式。教师还可采用日常记录、日志、评价表、座谈等评价形式。合作评价在教学评价中，教师和学生共同面对学生的成长。各种评价方式不仅给学生也给予教师提供了教与学的信息，学生得到个人反馈，明确努力方向；教师得到个人反馈以便改进教学，提供给学生更有意义和更有针对性的指导。这种教师与学生合作评价是建立学生档案过程的一部分。

总之，英语教学评价体系正处于转型创新的阶段。这不是一个“破除旧的，另立新的”之过程，而是继承原有的合理的部分，加以发扬和改造，并增加新的内容，使评价体系更加合理、更加科学的过程。

第三章 英语教学模式的多样化

第一节 探究式教学模式

一、探究式教学的内涵

探究式教学，又称发现法、研究法，是指学生在学习概念和原理时，教师只是给他们一些事例和问题，让学生自己通过阅读、观察、实验、思考、讨论、听讲等途径去独立探究，自行发现并掌握相应的原理和结论的一种方法。它的指导思想是在教师的指导下，以学生为主体，让学生自觉地、主动地探索，掌握认识和解决问题的方法和步骤，研究客观事物的属性，发现事物发展的起因和事物内部的联系，从中找出规律，形成自己的概念。可见，在探究式教学的过程中，学生的主体地位、自主能力都得到了加强。探究式教学是以探究为基本特征的一种教学活动形式，它包含两层意思：第一层是什么是探究；第二层是什么是探究式教学。

在当今国际科学教育改革的热潮中，探究是出现频率最高的几个关键词之一。探究，就其本意来说，是探讨和研究。探讨就是探求学问、探求真理和探求本源；研究就是研讨问题、追根求源和多方寻求答案，解决疑问。探究式学习是指仿照科学研究的过程来学习科学内容，体验、理解和应用科学研究方法，获得科学研究能力的一种学习方式。根据美国国家研究理事会近年最新的阐述，它包括五个方面的活动：（1）提出问题，学习者围绕科学性问题展开探究活动；（2）收集数据，学习者获取可以帮助他们解释和评价科学性问题的证据；（3）形成解释，学习者要根据事实证据形成解释，对科学性问题做出回答；（4）评价结果，学习者通过比较其他可能的解释，使解释和科学知识相联系；（5）表达结果，学习者要阐述、论证和交流他们提出的解释。以探究为基础的学习或者教学，指学生通过自主参与获得知识的一种积极的学习过程，是让学生自己思考怎么做，甚至做什么，而不是接受教师思考好的现成的结论。因此，探究式学习既是一种学习方式，也是教育教学的目标之一。探究式教学要求教师用理论去指导实践，在实践的基础上再总结出新的理论，推动教学不断向前发展。它具体是指教师引导学生对有关的学习内容进行深入探讨，或对有关问题进行多方面的研究，以寻找答案、解决问题的过程和活动的方法。它的实施就是让学生以自主、能动的方式在学习过程中掌握知识，获得能力，习得科学的方法，养成科学态度和科学精神。

因此，探究式教学的实质就是按提出科学结论和检验科学结论的结构方式去揭示科学结论，既要把所提出的观念和所进行的实验告诉学生，要说明由此得到的资料，还要阐明把这些资料转化成科学知识的解释。

二、探究式教学的特征

（一）注重从学生的已有经验出发

认知理论的研究表明，学生的学习不是从空白开始的，已有的经验会影响他们现在的学习。所以，教学只有从学生已有的知识和实际出发，才能激发学生的学习积极性和主观能动性。否则，就很难达到预期的教学目标。

（二）培养学生的探究能力

探究式教学不是教师先把结论直接告诉学生，再通过演示实验或学生实验加以验证，而是让学生通过各式各样的探究活动，例如观察、调查、制作、收集资料等，亲自得出结论，使他们参与并体验知识的获取过程，建构起对新事物的新认识，并培养科学探究的能力。这种通过多样、复杂的活动情景来获得知识的教学方法，可以使学生从多角度深入地理解知识，建立知识间的联系，从而使他们在面对实际问题时，能更容易地激活知识，灵活地运用知识解决问题。也只有这样，学生的学习才是积极主动的，才能真正激发学生学习的内在动机。

（三）重视过程和结果

一方面，要求学生在教师的指导下，对事物和现象主动地去研究，经过探究过程来理解知识的内在联系，从而达到灵活掌握和运用知识的目的；另外一方面，需要教师把知识和科学方法有机结合，在学生掌握知识的基础上，让他们通过观察、调查、假设、实验等多种形式的探究活动，经历收集信息和分析信息的过程，从而获得自己的探究结果或制作出自己的作品，培养学生的科学态度和精神。

（四）重视知识的运用

探究式教学的一个基本特点就是学以致用，发展学生运用知识解决实际问题的能力。探究式教学能综合提取知识，跨学科解决复杂的、综合的以及涉及知识面广的问题。在掌握知识、运用知识、解决问题的学习活动中，探究式教学能使学生更接近生活实际和社会实际，有利于培养学生的实践能力。

（五）重视形成性评价和学生的自我评价

探究式教学的评价要求较高，如它要求评价每一名学生理解了哪些概念，哪些还模糊不清或不知道，能否灵活地运用知识解决问题，是否能提出问题，是否能设计并实施探究计划，是否能分析处理所搜集的数据和证据，是否能判断出证据是支持还是反对自己提出的假设等，单靠终结性评价是难以奏效的。探究式教学在重视并改进终结性评价的同时，很重视对学生的形成性评价，如学生每天的笔记、撰写的报告、绘制的图表，以及与学生面对面的交流、学生针对某一问题所做出的解释等，教师可以通过这些了解学生对知识理解的深度和广度，以及进行科学推理的能力。

重视学生对自己学习过程的评价也是探究式教学评价的另一个特点。学生不断地对自己的探究式学习进行评价，如检查采用的方法是否合适、解释是否得当、对知识的理解程度如何等，可以提高学习效率，有利于学习目标的达成。

（六）重视师生互动

探究式教学的出发点就是发挥学生的主观能动性和创造力，以学生为中心，让学生自己去探究，自己去历练，积极地参与各种活动，从而获得知识。但学生的自主与教师的指导并不是非此即彼的关系，教师是在尊重学生选择的基础上进行指导，而学生则是在教师的指导下进行自主的探究，两者是一种互动和相互促进的关系。

三、探究式教学的意义

（一）探究式教学符合教学改革的实际，能满足改革者的心理需要

目前，我国教学改革的宗旨主要有三点：一是打破传统教学束缚学生手脚的一套做法；二是遵循现代化教育以人为本的观念，给学生发展以最大的空间；三是根据教材提供的基本知识，把培养学生的创新精神和实践能力作为教学的重点。只要能做到这三点，改革就能取得实效。改革就是不断探究新的教学途径和教学方法。最终实践会告诉每一位教育改革者，探究式教学是非常符合改革者的实际需要的。

（二）探究式教学能使班级教学更具活力和效力

班级授课有利有弊。在科学技术不发达的情况下，班级授课的利大于弊；在远程教育和网络教育发展的今天，弊大于利。因为它扼杀了学生的个性，难以因材施教。实施探究式教学，一是要最大限度减少教师的讲授；二是要最大限度满足学生自主发展的需要；三是要尽可能做到让学生在“活动”中学习，在“主动”中发展，在“合作”中增知，在“探究”中创新。

（三）探究式教学能破除“自我中心”，促进教师在探究中“自我发展”

课堂教学改革难，在很大程度上是难在教师身上。究其原因，主要是教师“自我中心”观念的顽固性和长期沿袭传统的惰性。由此可见，用现代教育理念去改造和战胜传统教育观念有多么艰难。教师要改变自己，就要在实践探究中学习，总结自己的经验，学习别人的经验，包括向学生学习。通过探究式教学，教师的角色会有一个大的转变：由过去的“台前”，走到现在的“幕后”，做一个“导演”，安排好适当的场景，引发学生的学习动机，使学生从观众变成实际的参与者。

四、探究式教学的模式

（一）自主探究教学

自主探究教学就是引导学生的自主学习以促使学生自觉地投入到学习中去，独立思考，主动建构知识的教学模式。

1. 自主探究教学的主要特征

（1）教师是教学的主体，而学生是学习的主体，教师和学生同为主体，形成了主体性和民主性的师生关系。

（2）注重教学过程的开放性和研发性，关注教学过程中学生主体意识的发挥，关注学生的创造力和创新意识，重视教师对学生的引导、启发，注重学生自主、能动地进行探究和发现。

（3）注重学生的参与性并提倡适度合作探究的辅助作用。

（4）要求问题设计的合理性和教学的有效性，提倡教学的多维互动性以及教学方式的多样性。

2. 自主探究教学的操作思路

（1）要求教师要做到明确学习目标，明确预习的价值、提纲及预习方法，要求教学具有整体性、生活性、开放性。

（2）探究包括个人独探、同伴互探、小组齐探、全班共探等 4 个支点，教师要着重考虑如何监管学生活动、如何分组、如何指导学生。

（3）教师要通过分层运用、内外运用、反馈等 3 个支点，指导学生实现应用迁移。

（4）教师要注重发挥学生的主体性和促进全体参与，给学生自主探究的权利，教学过程主要靠学生自己完成。

（5）教师是学生学习的促进者、参与者、指导者、引导者，甚至要与学生“共同学习、共同探讨”。

3. 自主探究教学易出现的问题及解决方法

（1）流于形式，缺少教师适当的指导，无法完成探究的任务。

（2）教师承揽探究，学生只是验证探究，无法提出问题，不会猜想，不能体验到探究的必要性和成功的乐趣。

（3）选材不当，缺乏探究意义。

（4）教师布置不当，学生收集资料困难。

（5）教学时间安排不足，自主探究走过场。

（6）教师对课后探究指导不足导致课后延伸草草收场。

针对以上问题，教师一定要根据教学需要，根据学生的实际情况进行适时引导；教师应该充分相信学生，促进学生主动参与，激励学生发挥主观能动作用，最大限度调动学生自主探究学习的积极性和主动性；教师要关注探究内容的适度性、可操作性和趣味性；教师应在课前下发“导学学案”，让学生据此进行预习、寻找资料；教师还要更新观念，充分相信学生，给予学生更多的自由支配时间；教师要及时介入学生的探究活动，成为他们中的一员，并对学生课后的探究做必要的指导。

（二）合作探究教学

合作探究教学是指在教师的指导下，学生根据不同层次，以 4 ～ 6 人混合编成小组，在一种积极互助的情境中，为达成共同的目标，分工合作，相互帮助，彼此指导，并以集体的成功为评价依据，最终促进个人发展的教学模式。

1. 合作探究教学的基本要素

（1）要让学生知道他们不仅要为自己的学习负责，而且要为其所在小组的其他成员的学习负责，在探究过程中积极互助。

（2）小组中的每个成员都必须承担个人责任，尽职做好自己的工作。

（3）混合编组要尽量保证一个小组内的学生各具特色，异质、互补，能取长补短。

（4）学生的社交技能水平既是合作探究的结果又是合作探究的前提。

（5）小组自评或团体反思能保证小组不断发展和进步。

2. 合作探究教学的操作思路

（1）合作设计要合理，应以合作、互动为特点。

（2）提前设定目标，为评价提供依据。

（3）通过自学、小组互助，促进集体成果的积累。

（4）自评与他评相结合。

3. 合作探究教学易出现的问题及解决方法

（1）问题设置太过简单，合作探究流于形式，失去了合作探究的意义。

（2）重视探究忽略总结。

（3）只注重优秀生，不兼顾后进生。

针对以上问题，教师提出的“问题”要紧扣课堂讲授的重点、难点，问题要有启发性，并能充分调动学生合作学习的兴趣；教师要引导学生对答案进行总结，使讨论的答案得到统一；教师要特别注意对学生的心理进行辅导，让他们树立信心，同时提供有层次性的问题，使后进生也能胜任，强调整体的进步，形成让优秀生主动帮扶后进生的氛围；在合作探究的评价中，教师要对不同发展水平的学生有不同的要求，应关注每一位学生。

（三）情境探究教学

情境探究教学是指在教学过程中，教师有目的地引入或创设具有一定情绪色彩的，以形象为主体的生动具体的场景，以引起学生一定的情感体验，从而帮助学生理解文本，并使学生的心理机能得到发展的探究式教学方式。

1. 情境探究教学的基本原则

（1）意识统一和智力统一原则：要求教学中既要考虑如何使学生集中思维、培养其刻苦钻研的精神，又要考虑如何发挥情感、兴趣、愿望、动机、无意识潜能等智力活动的促进作用。

（2）轻松愉快的原则：要求在轻松愉快的情境或气氛中引导学生提出各种问题，并展开自己的思维和想象，寻求答案，分辨正误。

（3）自主性原则：强调良好的师生关系和学生在教学中的主体地位。

2. 情境探究教学的操作思路

（1）借助实验创设情境，帮助学生将当前的学习知识与自己已经知道的事物相联系，建构起所学知识的系统。

（2）借助新旧知识的关系、矛盾，创设情境，让学生产生学习的欲望，从而形成积极的认知氛围和情感氛围。

（3）借助生活实例创设情境，让学生有真切的感受，以便引起学生的探究兴趣，激发其求知欲望。

（4）运用实物、图画、表演、语言、故事等展现和创设情境。

3. 情境探究教学易出现的问题及解决方法

（1）易产生“花盆效应”：学生的学习能力在人为创设的“典型性场景”中发展比较顺利，但是脱离了该种情境后，很可能出现回落的现象。

（2）由于情境教学过分强调情境功效，加之对课程整体性、意会性及模糊性特点重视不够，易出现人工雕琢之痕，以及“作秀”之嫌。

（3）由于情境教学强调人为创设情境，对教师的素质要求太高，教师必须具备高超的语言表达能力，甚至要能歌善舞、能谈会唱。

针对以上问题，教师必须熟练驾驭教材，准确把握学生心理特点、智能水平，熟悉他们的内心世界，并针对学生的特点，恰当地选择和运用科学手段、方法，以便结合教材创设情境。

第二节 多元智能教学模式

一、多元智能的基本内涵

有学者认为每个人都具有至少 7 种智能：语言智能、逻辑—数学智能、音乐智能、空间智能、身体—运动智能、人际智能、内省智能，并且每个人的各种能力混合在一起形成了各自独特的认知轮廓。此后，1995 年，学者们又提出了自然观察智能和存在智能，另外，有其他学者从内省智能分拆出“灵性智能”。

（一）语言智能

语言智能是用文字思考、用语言表达和欣赏语言奥妙意义的能力。用加德纳的说法，“就是诗人身上所表现出来的对语言文字的掌握能力”。这种智能涵盖了对口头和书面语言的敏感程度，学习各种语言的能力，以及运用语言实现特定目的的能力。像诗人、作家、演说家、记者、律师、新闻播报员等都展现了高度的语言智能。

（二）逻辑—数学智能

逻辑—数学智能不仅是人能够计算、量化及考虑命题和假设，而且能够进行复杂的数学运算的能力。运用这种智能常常包括以下几个过程：类聚、判别、推理、概括、计算、假设和检验。逻辑学家、科学家、数学家、会计师、工程师、电脑程序设计师等都展现出很强的逻辑—数学智能。

（三）空间智能

空间智能即在脑中形成一个外部空间世界的模式并运用和操作这种模式的能力。这种智能让人有能力以三维空间的方式来思考，包括对色彩、线条、结构、形状和空间关系的敏感性以及很强的空间思维和空间定位能力。雕刻家、画家、建筑师、飞行员等都表现出高度发达的空间智能。

（四）身体—运动智能

身体—运动智能是个体操作运用其身体或身体的一部分来表达思想、情感或创作的能力，包括个体的协调性、平衡性、技巧性、力度、速度以及身体的感知与触觉能力。这种智能在舞蹈家、运动员、手工艺者、外科医生等人身上表现得尤为突出。

（五）音乐智能

音乐智能即感受、辨别、创造曲调和节奏以及运用音乐表达的能力。音乐智能占优势的人对各种非语言的声音和日常声音、节奏等非常敏感。这种能力在歌唱家、指挥家、作曲家、乐器制作者、演奏家、调音师等人身上都有杰出表现。

（六）人际智能

人际智能即理解他人，能与人有效交往的能力，尤其表现在观察和感知他人情绪、动机、意图及情感变化。成功的政治家、教师、推销商、社会工作者等都是具有较高人际智能的人。

（七）内省智能

内省智能是深入自我内心世界，建构正确的自我知觉并运用其规划自我人生的能力，包括对自我的准确定位和描述，了解自我内心情绪、动机、意图和愿望以及自知、自律等能力。这些在哲学家、心理学家等人身上都有突出表现。

（八）自然观察智能

自然观察智能指个体能够高度辨别环境（自然环境和人造环境），并运用这些能力从事生产的能力。自然观察智能较强的人善于觉察不同自然物种之间的细微差异，对自然界的变化极具敏感性。诸如动植物学家、考古学家、猎人、生态学家等都具有高度发达的自然观察智能。

（九）存在智能

存在智能即对人生和宇宙终极状态的思考能力。其核心是在直达无限广阔宇宙的尽头为自我定位的能力，是在人类生活环境中思考与存在有关问题的能力，如，人为什么要来到地球上？人类出现以前地球是何种状态？人生存与死亡的价值与意义是什么等。哲学家、思想家、宗教者等都是智能发达的人。

二、多元智能的潜在原则

（一）关于智能本身性质的原则

（1）多元智能所包含的几种智能模式是暂时性的，除了以上智能外，仍有可能有其他智能存在。事实上，在最初的研究中，加德纳只指出了 7 种智能，而自然观察智能和存在智能是在后来才被检测出来的。

（2）每一种智能都享有其独特性，但又并非独立运作，它与其他智能是同时并存、相互补充和统一运作的。

（3）每一种智能都包含着多种次类智能。

（二）关于人类智能发展的原则

（1）每个人都有与生俱来的各种类型的智能。每一个正常人都享有上述的几种智能，但受遗传、文化与环境差异的影响，每个人的各种智能的发展程度是不尽相同的，而且有时会以不同方式来统和这些智能。

（2）每个人的各种智能都是可变的。智能并非是固定和一直处于静止状态的，它们或被强化与扩大，或被缓减和削弱，其中文化是影响智能发展的重要因素。

（3）每个人所享有的每种智能都有其独特的发展阶段和顺序。在每种智能的发展过程中，它至少经历了四个不同的发展阶段：最初接近阶段—使用阶段—正规教育阶段—接受阶段。其发展过程的快慢、强弱受个体文化环境中诸多因素的影响。

（4）每个人的智能都是能够“培养”和“教授”的。虽然个体与生俱来的智能各不相同，但绝大部分是在个体的青春期和以后发展成熟的，人之所以能出色地发展并超越其出生时所具有的智能，关键在于后天的“培养”和“教授”。

第三节 参与式教学模式

一、对“参与”的理解

“参与”即参加，是对事物的发生、发展起着一定作用的一种参加。“参与”是一种思想理念，强调所有有关人员对相关事情的决策、规划、实施、监测、评估等活动的介人；“参与”是一种实践性的活动，既强调活动过程中参与者的“在场性”，也强调参与者共同生成活动的结果。“参与”是一个过程，一个不断发展、演化的过程，在这个过程中，参与者要明白自己是参与的一分子，而非“局外人”，明白自己参与的目的是通过参与，使自己的自尊、自信和自主性都得到提高；“参与”是参与者的一种投入状态，从个体的角度看，“参与”指个体在认识活动中认知和情感方面的投入，个体与其他个体间的互动，个体与群体之间的相互影响的方式和程度等。从群体的角度看，“参与”指的是所有参与者的总体投入状况，包括他们所形成的小组类型、小组内不同角色的分工、小组的竞争与合作机制、小组的发展阶段和特点等。

二、参与式教学的含义

有了对参与的理解，我们可以认为参与式教学是指在自由、民主、平等的教学氛围中，教师采用灵活多样的教学手段和教学方法，以学生为中心而学生也自愿地、主动地、积极地介人教学的各个环节，与教师共同推进教学的一种教学模式。与以教师、教材为中心，黑板、粉笔为媒介的传统教学模式比，参与式教学努力创设一种能使学生真正成为教学的中心、学习为主体的教学氛围。

主体参与可以活跃课堂气氛，满足学生的表现欲、发展欲，这是教学生命线。通过主体参与，学生将会对教学内容有选择的机会、对教学进度提出建议、与教师一道设计教学方法、积极参与并对教学过程进行适当的调控、干预以及对教学结果进行评价等，使学生真正发挥自己的主观能动性。

三、参与式教学的特点

参与式教学传承了传统教学合理的部分，同时又有发展和突破。一般认为具有 6 大特点。

（一）全体性

强调全体师生的参与。参与教学是全体教师、全体学生的参与。而每个学生，无论是优生还是差生，都应该是积极参与的主体，都不应该被忽略，老师对待他们不得有别。每个学生都有平等的参与机会，都有发表自己观点的权利与义务。同时，老师的参与不是指某一个老师唱独角戏，而是要同一年级、同一学科的教师加强交流，在交流中就教学经验方面互相取长补短，了解学生情况。

（二）全面性

强调师生在各个教学环节全方位的参与。教学是一个过程，有很多环节。学生参与教学的各个环节，具体有：在课前（课前参与），学生与老师共同进行教学设计，如设计教学内容、教学目的、教学重难点、教学方法、教学手段、教具以及教学的具体步骤；在课中（课中参与），学生以提问、讨论、回答等形式介入教学；在课后（课后参与），通过查阅资料、完成作业、继续讨论存在的问题、参与实践或实训等方式，与老师和同学交流。在整个过程中，他们可以向教师、学校领导等提出教学建议等，对教学实施监控或干预。

（三）开放性

强调教学方法、教学内容、教学媒体、教学评价的开放性。教学要想有效果、出成绩，就必须得有方法，但无统一、固定的模式。哪怕对相同的学生，不同的教师也可能采取不同的方法，学生可以根据自己的兴趣、爱好和需要选择适合自己的学习方法：在教学开始前，学生和老师共同参与教学设计，学生也能根据自己的实际情况确定学习方法；教学过程中，学生积极与教师互动，参与教学课堂的各个环节；课后学习中，除了完成教师布置的作业外，学生也可选择自己感兴趣的内容做进一步的学习和研究。在参与式教学中，教师以教材内容为依托，但不局限、拘泥于教材。学生通过参与，把自己的个体经验与教师传授的知识以及来自其他资源的知识结合起来。参与式教学中采用的是现代教育技术。教师可以利用多媒体进行备课和上课，学生也可以用多媒体进行学习，将自身存在的问题和教学建议及时反馈给教师。在参与式教学中，评价主体不止教师，还有学生自己和社会等，评价是公开、公平、客观的形成性评价。

（四）合作性

强调师生之间的合作伙伴关系。师生参与教学的过程就是他们之间平等合作的过程，教师和学生一起发现问题、提出问题、分析问题和解决问题。在合作过程中，形成多元化的智慧和思想的交流。

（五）生成性

强调学生自主地建构自己所理解的知识。在参与式教学中，学生通过主动参与教学，吸收和理解来自课内、课外的知识，主动构建、生成自己的知识。也就是说，这种生成是动态的生成。

（六）宽容性

强调师生应该相互具有宽容心。在参与式教学中，一定范围和程度上允许学生自由地表达个人的见解，发表不同的意见，甚至对学生的反对意见和错误的言行给予包容。对此教师要进行教学反思，有利于教学的进一步开展。

四、参与式教学模式和方法

参与式方法的教学模式很多，没有固定的套路，因教学内容、教学目的、教师和学生的不同而不同。国内外的参与式教学模式和方法有提问、头脑风暴、小组讨论、角色扮演、案例分析、小组合作、歌舞、戏剧等，这里介绍几种主要的模式。

（一）提问法

提问法是参与式教学法中使用得最多最频繁的方式。基本程序有：

（1）检查学习者对所学知识的掌握程度，了解他们是否跟上了进度；

（2）检测学习者目前的学习状态，看他们是否保持浓烈的学习兴趣和学习情绪；

（3）促使学习者自己思考和寻找答案；

（4）提问起着承前启后的作用，可以帮助开始下一轮讨论或学习。

提问的作用很明显，但若使用不当，可能使学习者觉得是盘问，不利于教师和学生间的平等交流。为了避免此种情况的发生，教师要注意以下几点：

（1）不能故意提刁难学习者的问题；

（2）只提与学习目的和内容有关的问题；

（3）只提学习者力所能及的问题，尽管有时有一定难度；

为了提高学习者回答问题的质量，教师提的问题要有质量，避免一些不合适的问题，高质量的问题包括如下几类：

（1）开放式问题：这类问题通常以 wh 这一特殊疑问词开头，如 where，when，who，why，what 等。

（2）追问问题：对回答者进行循循善诱、层层递进的提问。

（3）确认理解问题：确认学习者理解了提问，确认教师理解了学习者的回答，要求学习者确认自己的回答。

而不合适的、低质量的问题有：只需用“yes”或“no”来回答的封闭式问题、给予回答者明显暗示的引导式问题、回答者只能回答某部分的多重式问题或太简单、太难的问题。

另外，教师得为学习者创设安全、轻松的环境氛围。

（二）头脑风暴法

头脑风暴法是美国学者阿历克斯·奥斯本于 1938 年首次提出的一种参与式教学的模式，是一种创造能力的集体训练法。所谓头脑风暴，最早是精神病理学上的术语，指精神病患者的精神错乱状态，现在比喻思维高度活跃，产生无限制的自由联想和讨论，由此产生新观念或激发创新设想。它的特点是让参与者根据特定的议题，敞开思想，自由地、快速地说出自己的想法，使各种设想在相互碰撞中激起脑海中的创造性风暴。

由于“头脑风暴”的参与面非常广，人人都在“畅所欲言”，看上去很热闹。

但有效的“头脑风暴”并不那么容易组织。要遵循以下基本环节和基本原则：

1. 基本环节

（1）明确议题。让参与者明白要讨论的问题是什么，最好把问题写在黑板上或展示纸上。

（2）资料准备。为了使头脑风暴的效率较高，效果较好，可在讨论前做一点准备工作，如收集一些资料预先给大家参考，以便了解与议题有关的背景材料。

（3）确定人选。一般以 8 ～ 10 人为宜，也可略有增减（6 ～ 8 人），人数太少不利于激发思维，而人数太多则不容易掌握。

（4）明确分工。要推定一名主持人，重申讨论的议题和纪律，在讨论进程中启发引导，掌握进程；一名记录员，将参与者的所有设想进行简要记录。

（5）规定纪律。根据头脑风暴法的原则，可规定几条纪律，要求参与者遵守。

（6）掌握时间。讨论时间由主持人掌握，不宜在讨论前定死，一般来说，以几十分钟为宜。

2. 基本原则

（1）自由畅谈。参加者从不同角度、不同层次、不同方位，大胆地展开想象，尽可能地标新立异，与众不同，提出独创性的想法。

（2）延迟评判。头脑风暴，必须坚持当场不能否定某个设想，也不能对某个设想发表评论性的意见。一切评价和判断都要延迟到讨论结束以后才能进行。

（3）禁止批评。绝对禁止批评是头脑风暴法应该遵循的一个重要原则。参加头脑风暴讨论的每个人都不得对别人的设想提出批评意见，因为批评对创造性思维无疑会产生抑制作用。

（4）追求数量。头脑风暴会议的目标是获得尽可能多的设想，追求数量是它的首要任务。

（三）小组讨论法

小组讨论是在参与式教学中发挥很多作用的一种模式，主要为组内讨论。通常按 4 ～ 6 人一组的规模把学员分成若干小组，就两个题目展开讨论。尽可能让参与讨论者移动课桌椅，彼此靠得更近，以便面对面地进行讨论。小组成员身体距离的靠近和眼光交流既可以提高讨论质量，也可以促进人际间的和谐和信任。小组讨论的具体步骤和组织要点如下：

第一，把全体参与者分为 4 ～ 6 人的小组，采用全班集体活动方式。分组时，视具体活动目的而采用按自愿组合、学号或者按性别混合、能力混合、个性及知识经验混合。

第二，分组后，明确每小组具体目标及活动需要的时间。为实现共同目标，将参与者进行角色分工。每个成员都担任一定的角色，如：召集员（负责组织讨论）；计时员（保证小组内每一位成员都有机会发言，提醒发言过长者缩短说话时间）；记录员（负责将本组讨论或活动结果记录在纸上）；汇报员（负责向全班报告本组讨论和活动结果）。这些角色由不同的人轮流担任。

第三，教师是全班集体讨论活动的组织者。其职责是负责揭示讨论的主题，向参与者提出明确、清晰的讨论要求。在活动过程中，组织学生为各小组提供材料，主要包括讨论或演示用的图片、展示板等。在各小组巡视，就各组的活动情况进行调控，以随时提供必要的指导和帮助。

第四，活动结果的汇报。各组汇报员将活动讨论结果进行口头报告，讲解本组意图与结论；或者进行书面报告，将讨论结果写于大白纸上，然后贴到黑板上向全班展示。小组讨论。各组轮流展示，大组分享，以达成共识。

第五，活动结果的点评。教师和学员对各组的展示做出点评。教师最后全面总结各小组的活动成果，给学员以恰当的评价或期待。

第六，小组讨论应该避免的问题。小组讨论避免每个成员讨论内容之间没有逻辑关联；避免组员的发言在低水平上重复，组员无法在思想上得到提升。这种组织形式始终贯穿着一个指导思想，那就是以学习者为中心，以活动为主，平等参与，融理念、知识于参与式活动中之中，强调学习者的主动参与。充分关注学习者已有的知识经验，根本目的就是发挥学习者的主观能动性。

（四）角色扮演法

角色扮演法主要是通过身体动作媒介，根据学习的要求和自己的理解扮演现实生活中的某个角色，将该角色的个性特征和在某些事件和关系中的行为方式更为突出地表现出来。英语教学中角色扮演的主要目的是使参与者从不同的角度体验相对真实的语言情境，产生对英语语言更新、更高层次的认识和体验。

角色扮演能使参与者将在语言学习中获得的知识技能综合运用于一个具体的问题情境。通过参与真实的、可感知的模拟练习，参与者整合和运用新知识和技能的能力以及处理复杂问题的能力均会得到提高。

角色扮演的一般步骤如下：

第一步：教师提出现实生活情境，明确角色扮演的大致要求，参与者可做适当修改；

第二步：参与者快速分组，确定具体扮演的主题和角色，然后进行排练；

第三步：教师对参与者提出观察任务，包括观察的内容、角度、方法等；

第四步：各小组进行角色扮演，其他参与者观察并做记录；

第五步：全体参与者对各个小组的表现进行评议，对有关问题进行讨论；

第六步：教师协助参与者进行总结。将角色扮演中的问题情境与现实结合，探究行为的一般规则和问题解决的一般方法。

角色扮演有优点，因为参与者活学活用，但也存在着弊端：首先，对参与者而言，角色扮演是个很大的挑战。在中国这个东方大国，角色扮演曾经较难开展，学生以为是把自己当“孩子”看待，做一些肤浅的“游戏”，但随着对外开放的发展，慢慢适应了。其次，有些角色扮演可能在参与者心中激起非常强烈的情感反应，使其久久不能平静。最后，角色扮演很费时间，有时需要大量的事先准备。

第四节 内容型教学模式

一、内容型教学法的基本原则

内容型教学法通过运用目标语教学学科内容，把语言系统与内容整合起来进行教学。这种整合观是基于一种对语言教学的认识：只有同时给予两者相同的重视，而不是将两者分离开来，才能促进两方面同时发展。而运用目标语教学学科内容可以较理想地达到整合这两个方面的目的。其基本原则如下。

（一）教学决策建立在内容上

语言课程的设计者和教材的编写者在设计阶段面临的两个问题就是内容（包

括哪些项目）的选择和排序（如何排列这些项目）。在传统的教学方法中，不少方法如语法翻译法、听说法，它们通常按照语法的难易程度编写：如一般现在时比其他时态更容易学习，在教材的编写和教学中自然处于优先学习的地位，根据此原则编写的教材及在教学中都把容易学习的内容放在初学阶段。然而，内容型教学法颠覆了传统方法中内容的选择和排序原则，彻底放弃了以语言标准作为教学的出发点，而是把内容作为统率语言选择和排序的基础。

（二）整合听说读写技能

以往的教学法常常以分离的、具体的技能课，如语法课、写作课、听说课的形式进行教学。内容型教学方法试图在整合听说读写四项基本技能的同时，将语法和词汇教学包含于一个统一的教学过程之中。由于语言交流的真实情景，以及语言的交互活动涉及多种技能的协同，派生了这项教学原则。同样，内容型语言教学反对在课堂上主张先听说、后写作的教学顺序。它没有固定的、一成不变的技能教学顺序，相反，它可从任何一种技能出发。可以看出，这一原则是最初原则的引申，是内容决定、影响教学项目的选择和顺序原则的具体表现。

（三）教学的每一个阶段都要求学生积极、主动地参与

自交际法产生以来，课堂的中心从教师转向学生，“做中学”成为交际语言教学的基本原则之一。任务型教学是交际法发展的分支，它强调学生应在完成任务的过程中进行探索性、发现性的学习。同样，内容型教学也是交际法的分支，重视学生在参与学习的过程中积极主动地学习。主张内容型教学的学者们认为，语言学习应产生于将学生暴露于教师的语言输入中；同时，学习者还可以在与同伴、同学的交往中获得大量的语言信息。因此，在课堂的交互学习、意义协商和信息收集以及意义建构的过程中，学生承担着积极的社会角色。在内容型语言教学中，学习者可以承担多种角色，如接受者、倾听者、计划者、协调者、评价者等。与学习者多重身份一样，教师也扮演着多重角色。他们可以是学生的信息源、任务的组织者、学习活动的引导者、控制者和促进者、学生学习活动的评估者等。

（四）学习内容的选择与学生的兴趣、生活和学习目标相关

内容型教学法的内容选择最终决定于学生和教学环境。教学内容通常与具

体的教学和教育环境中的教学科目平行进行。因此，在中学阶段，英语教学内容可以来自学生在其他科目，如科学、历史、社会科学中学习的内容。同样，在高等教育环境中，学生可以选修“毗邻”语言课。“毗邻课”是两个教师从两个角度教学同一内容，从而达到不同的教学目标的课型。在其他教学环境中，教学内容可以根据学生的职业需要和一般的兴趣特点进行选择。事实上，由于对于哪些内容是学生普遍感兴趣或者直接相关的很难确定，教材的编写者、使用者都很难把握这一条原则。但是，由于每个内容单元的教学时间长，教师有大量的时间和机会把课程内容与学生的兴趣以及他们已经具备的知识结合起来。因此，让学生对所选内容感兴趣是内容型教学理论实现的重要基石。

（五）选择“真实的”教学内容和任务

内容型教学的核心成分是真实性。它既要求课文内容的真实，又要求任务内容的真实。一首歌谣、一个故事、一段卡通都可以作为真实的教学内容。把这些真实的内容放置于英语教学课堂将改变它们原本的目的，从而服务于语言学习。同样，任务的真实性也是内容型教学的目标，任务必须与一定的文本情景结合，反映真实世界的实际状况。

（六）对语言结构进行直接学习

内容型教学将学生暴露于真实的语言输入中，目的在于让学生获得运用语言进行交际的能力。文本形式、教师的课堂语言的输入、学生之间的结对活动以及小组活动都是内容型教学的信息源。但是，内容型教学认为，仅仅通过可理解性输入不是成功的语言学习，对真实文本中出现的语言结构必须采取提高意识的方法进行学习。

二、内容型教学法的特点

内容型教学法旨在将学生尽可能地暴露于与他们直接相关或者他们感兴趣的内容之中。从这个简单的定义可知，与学生直接相关和他们感兴趣的内容不但包括学生日常生活中会共同面对的问题，而且也包括他们学习的其他科目的内容。事实上，学生学习的学科内容更应该合理地整合于英语教学，以促进学生的思维和语言能力的整体发展。那么，内容型教学法具有哪些主要特征呢？

首先，内容型英语教学法的主要特点在于对“内容”的强调和利用。“内容”可以满足语言教学多方面的目的。一方面，它为英语课堂教学提供极其丰富的教学情景，教师可以利用这些内容呈现，解释语言的具体特征；另一方面，实验证明，富有挑战性的“内容”是语言习得成功的基础。无论是克拉申的“可理解性输入”理论，还是维果茨基的“最近发展区”理论，都强调综合的、富有挑战性的、略高于学习者当前语言水平的内容输入。因此，把内容输入置于特殊的地位是当前内容型教学法普遍实践或实验的趋势。

其次，内容型教学法的内容选择不以教学课时为基本单位。通常一个单元的内容都会超出单个课时。事实上，内容型语言教学的教学内容单元往往长达几周课时，甚至更长。

三、内容型教学法的教学模式

目前，内容型教学法主要有以下两种模式：

（一）主题模式

主题模式通过主题形式来组织教学。这些主题内容主要来自学生学习的其他科目，或者与他们的兴趣和生活密切相关的内容，主题教学是为了实现教学内容、教学方法的突破，解决英语教学中长期难以解决的矛盾。主题教学模式强调学习语言所表达的意义，但并不忽视对于语言形式的学习。学生通过主题的建构，学习有关社会生活的知识，通过细节，学习词、短语、句型和语法知识，从而把意义与形式有机结合起来。实现教师引导与学生自主学习的统一。教师的职责在于创造学习的语境，并给予正确的引导与示范。教师把以主题为主的认知结构的建构、拓展和深化的任务交给学生，这样就从真正意义上培养了学生的自主性。

实现学生跨文化交际能力的全面发展。在以主题为中心的英语学习中，学生获得了丰富的有关社会、文化和交际方面的知识；在完成围绕主题、话题的交际任务中，学生提高了以听、读、写为基础的跨文化交际能力，培养了自身的素质，发展了个性；在自主性的学习中，学生找到了自我价值，实现了自我的超越。英语教学以主题为线索，按主题—话题—细节的步骤，使学生逐步建立较为完整的反映主观与客观世界及社会交际需求的知识系统。

（二）附加模式

附加模式是指语言教师和学科内容教师同步教授相同的内容教学，但是他们的教学重点和教学目的不同。语言教师的教学重点在于语言知识，完成语言教学目标，而负责学科内容的教师重点在于学科内容的理解上。例如，一个英语教师和一个心理学教师都以心理学内容进行教学。其中，英语教师将心理学材料作为英语语言课程的内容，其教学目的是为了提高学生的英语使用能力，而心理学教师的教学目标是完成心理学学科内容的教学。因此，在英语教师的课上，学生的主要任务是通过对富有挑战性的内容的理解和吸收，从而较快地理解难度较大的内容，并在语言教师的指导下，快速学会语言。

四、内容型教学法的优缺点

（一）内容型教学法的优点

1. 内容型教学法中丰富的学科内容能促进学生智力的发展

迄今为止，交际法是最重视英语教学中语言形式和内容密切结合的方法。但是，由于交际法没有摆脱教学法由来已久的“内容自由”选择的传统，仍然以语言的功能或者意念形式选择内容。这样一来，语言本身既充当内容，又是教学的中介，很容易造成课堂内短期的循环现象：即教学的中心一段时间在内容上，一段时间在一些具体的语言结构上。

但是，不同的内容要求不同的思维方式，不同的思维方式需要不同的教学内容。也就是说，不同的语言内容会引起学习者不同的认知过程，单一的、以结构为组织原则的教学不能满足学生学习时认知能力发展的需要。因此，多元的、丰富的学科内容成为语言教学的核心，成为发展学生认知能力的一种选择。随着时代的发展，英语教学的目的越来越趋向于使语言教学成为人类发展的重要因素，成为人类思维能力、语言能力发展的条件。沉浸式语言教学的研究表明，在第二语言的学习中，学习者普通认知技能的发展和将学习者暴露于母语中同等重要，获得语言能力（语音、词汇、语法、语义、功能意义）和认知过程（理解、分析、应用、综合、评价）之间存在密不可分的关系。问题的关键是，不同的思考方式要求不同类型的语言内容。因此，通过激发学习者对丰富内容的兴趣，从而达到在发展思维的同时促进语言能力的发展。

2. 提高学生的高级学习策略

学生的学习策略也会在思维的发展中得到提高。例如，学习推导的策略远比找出同源词难度更高。翻译、重复、惯用语的使用等都是学习者在学习语言早期容易掌握的策略。但是，在内容缺乏的环境中，他们常常被禁锢于狭隘的语言结构知识情景中，很难发展，如运用、监控、推导等高级策略。而这些高级策略才是成功学习一门语言的条件。卡明斯曾经研究了语言情景和认知难度对语言学习的影响。他发现认知难度大的任务驱使学习者发展不同的思考方式，而且这些任务与情景密切联系。在真实的任务情景中，学生积极参与意义协商，在遇上不理解的信息时，学生会积极提供反馈。在这种情况下，大量的副语言特征和情景信息共同支持语言的发展。此时，语言得到的支持将最大化。当情景和认知难度都降低或减少时，学生对语言意义的理解和成功解释信息的能力只能依靠语言本身的知识，如通过分析句法结构、寻找同源词等。情景丰富的语言学习环境为学生提供大量的语言的、元语言的、超语言的材料，它们在学生进行信息加工的过程中意义重大。母语就是在认知难度和语言情景丰富的环境中习得的。然而，我们的英语教学与母语学习的条件相反，常常处于认知难度和情景缺乏的环境和状态下。因此，其教学效果自然不难想象。

3. 提供大量的支持语言发展的材料

语言的、元语言的、超语言的情景内容可以大大提高对语言的感知力和理解能力，从而加速语言的发展。丰富的内容知识可以培养学生良好的学习策略。低级的策略，如翻译、重复、背诵等不足以满足英语思维能力发展的需要。高级的策略才是语言学习的成功条件。另外，对内容的敏感也会提高语言背景图式知识，以及对语法、词汇等语言系统知识的认识。思维能力在对这些知识进行处理的同时获得提高。英语教学必须以不同的内容满足人类的多种思维能力发展的需要。内容的多样性在满足人类的思维发展的同时也能促进语言的发展。可见，内容型教学法通过发展那些与语言结构相关的思维技能发展语言。

因为内容与认知方式紧密联系，它要求用一系列具体的概念、观点和语法规则去表达。英语教学法改革从内容入手，一方面可以增加认知难度，促进学生思维能力的发展；另一方面使内容成为发展语言的条件，较大程度地符合英语教学从语言的发展走向人类的发展的总体规律。

（二）内容型教学法的缺点

内容型教学法也存在很多局限性。

1. 缺乏实施内容型教学法的教材

目前，内容型教学法在欧美国家的实践还处于探索阶段。由于内容型教学法包含的方法模式和内容体系相当庞杂，很难形成较为统一的教材。单从教学模式而言，内容型教学法就有主题模式、附加模式和遮蔽模式，每一种模式对教材、教学程序和教师知识结构的要求都不同。要编写容纳多学科内容，符合不同学科内容的教学规律的教材有很大的困难。

2. 缺乏胜任内容型教学法的师资力量

内容型教学法使对师资的要求发生了翻天覆地的变化。首先，不同的学科内容自然要求教师也具备相应的知识储备，但事实上，很少有教师可以达到这样的要求；其次，不同的教学模式对教师而言具有很大的挑战性，他们不但需要具备良好的英语教学知识和技能，还要和其他学科的教师协调、合作，才能完成教学任务，这需要他们改变一直以来把英语看成同其他学科一样是一门相互独立的学科的思维定式。很显然，内容型教学法对师资的要求远远大于其他教学方法。

总而言之，丰富的学习内容是文化的载体，是语言发展的条件，也是人类思维发展的重要组成部分，因此现代英语教学法要以丰富的学科内容为出发点。为了协调语言内容和意义之间长期存在的冲突，创设新型内容型教学模式不但可以促进人的整体发展，还能彻底改变以往各种教学法流派偏于语言，忽视内容的“两张皮”的做法，改变“为教语言而教学”“为工具性目的而教学”的教学法定位，从而走向“为人的整体发展而教学”的转变。

第四章 英语听力、口语、阅读、写作、翻译教学的转型

第一节 英语听力教学的新方法

一、强调双语转换速度，把握关键词

认知心理语言学家将信息处理过程分为感知—分析—运用三个阶段。有学者对第二语言学习者所做的有声思维研究证实，学生在听力理解过程中运用的大脑活动过程与Anderson描述的理解过程相一致。因此，传达式听力理解过程也由感知、分析和运用三个阶段构成。在感知阶段，听者将接收到的声音信号进行双语的语义转换，迅速反应出母语的词义。由于声音是稍纵即逝的，因此，当信息停留在感觉记忆不超过4秒的过程中，听者必须对输入信息做出符合真值的判断，将语篇中的关键词转入短时记忆中。在几秒钟的感觉记忆阶段，听者应从大量的信息中选出和当前任务有关的重要信息，即勾画出选项中出现的所听到的关键词。在分析阶段，被选择的重要信息在短时记忆中被编码和储存，停留的时间大概只有10秒钟。在这个阶段，听者对所听到的关键信息进行同义替换理解。听者可以通过速记延长关键信息停留的时间，增加记忆的容量，从而对选项中的同义替换内容做出准确判断。

通过对听力教材和四级听力真题的研究发现，将近1/3以上的听力问题涉及到定位关键词和明确同义替换这两个能力的运用。学习者通过感觉记忆定位选项中的关键词，然后再根据问题选择答案。

二、强调衔接词的作用，加强宏观意义理解

从20世纪60年代诞生至今，语篇理论已有近60年的时间，在外语教学中已得到了广泛的应用。国内许多学者将语篇理论引进外语教学，探讨语篇理论在英语写作、阅读及英汉翻译中的运用，也有学者尝试把语篇理论运用到听力教学中。语篇是不完全受语法约束的在一定语境下表示完整语义的自然语言。语篇通常是指一系列连续的对话段或句子构成的语言整体，应具有语义上的一致性、逻辑上的合理性和形式上的连贯性。长对话和短文听力材料具有语义上的一致性、逻辑上的合理性和形式上的连贯性，符合语篇范畴。语篇理论主要是以韩礼德提出的第三种元功能——语篇功能为理论基础的。语篇功能指的是人们在使用语言时怎样把信息组织好，同时表明一条信息与其他信息之间的关系，而且还显示信息的传递与发话者所处的交际语境之间的关系。衔接和连贯是语篇分析的核心内容，语篇的连贯是通过衔接手段实现的。逻辑联系语是表示篇章成分之间的衔接手段之一，通常包括表承接的并列连词and、表转折的并列连词but、句子副词however等。在听力语篇中，出现频率最高的衔接手段是逻辑联系语，逻辑联系语也是听者最容易辨识的符号。在表衔接的逻辑联系语中，转折连词but和表转折的句子副词however后通常是语义的重心所在，引出语篇的主旨大意。以四级真题中的一个短对话为例。这个短对话围绕“the new digital television system”展开，“it”实现了话语间的照应。就词汇而言，“digital”，“system”和“channels”可能会造成听力羁绊。此外，尽管男士的回复中没有较难的词汇，但语速较快，对于听力中下水平的学生来说，瞬间理解是有困难的。因此，在没有完全听懂的情况下，听力方法的运用对保证准确率是十分有效的。

听力理解获得的信息不是所听材料文字意义的简单相加，而是整个语篇意义的概括，即宏观结构。根据新的考查方式，试卷上只呈现选项没有题干，听力内容播放完后才逐题播放问题。长对话和短文听力篇幅长，尤其对于选项语句过长的细节信息题，如何在只播放一遍的情况下把握细节信息要点，然后根据问题对选项做出准确判断是听力理解的难点。而且，在听的过程中，大脑一方面要对前面的信息进行处理，同时又要获取后面的新信息，注意力容易分散，

很难形成准确的记忆。因此，教师应培养学生边听边做简单笔记的能力，通过速记关键信息点呈现语篇结构，实现语篇信息的整合，从而准确把握细节信息。对于高职英语听力教学来说，应从以往的以“单词、句子”为中心转移到以“语篇”为中心上来。

第二节 英语口语教学的新方法

一、口语教学的方法研究

（一）发挥情感教学的作用，消除学生心理障碍

在课堂上组织学生进行语言交流活动，有种抑制心理，能够阻碍人们用外语交际，它使学习者担心“丢面子”而沉默不语，这对于学生英语口语水平的提高有很大的阻碍。其实这是大可不必的，因为说是一种能力和技巧，是在大量的练习中培养起来的。既然是练习，它就是一种反复的过程。因此，从一开始就要培养学生开口说话的勇气和习惯，让学生在反复中不断自行纠正错误，从而使学生跨越心理屏障，积极、主动地投入到课堂交际中去。

同样，外籍教师的口语教学之所以受到学生的欢迎和赞赏，除了英语本土文化的优势使他们能够在课堂上驾轻就熟地教授语言、传递文化而外，他们地道的语言表达、流利的英语口语和幽默、传神的肢体语言也为课堂营造出一种和谐、轻松的气氛，消除了学生由于语言能力差而带来的紧张和恐惧心理，增强了自信心，提高了课堂教学效果。

因此，我们要有意识、有目的地发挥情感教学的作用。经常观察和协调各种心理因素之间的关系，时刻注意帮助学生树立自信心，克服自卑感，满怀热情地启发、诱导学生进行说的训练，切忌动辄批评学生，避免各种形式的负暗示。学习外语和学习母语一样，是一个逐步提高的过程，这个过程难免会出错，即使一个非常熟练的人也会出错。所以，我们不应该把错误看成是消极因素，而应该允许学生犯错误，也不必过多地给学生纠正错误，只要学生知道说错了，自己是会改正的。这样，我们就可以在教学中形成一种宽松的课堂气氛，使学生说英语时更加轻松自如，减轻甚至消除虚荣和自卑、胆怯情绪。

此外，教给学生一些交际的技巧，也能使学生摆脱交际中的紧张与尴尬。首先，我们应当教授一些交际筹划能力，交际筹划能力在交际中能补救或增强交际的有效性，减少学生在口语交际时的心理压力和遇到不能顺利表达时的尴尬局面。比如：（1）求教法。当在交际中遇到某些不清楚的词或事物，可以直接去问交际对象，请其做出解释。这样既可以使交际顺利进行下去，避免紧张的情绪，又可以通过交际活动学到新的知识。（2）回避法。在交际中，遇到自己不熟悉或不明白的话题，可以主动避开，谈一些自己比较熟悉或比较清楚的事情或话题，这样可以主动避免在交际中可能出现的紧张情绪或心理。（3）学习在交际中外国人常用的手势、语调，表示赞同或否定的习惯表达。如在交际中遇到困难而不能顺利表达的时候可以用些常用的表达犹豫的词“you know”等，来给自己更多的考虑时间。

总之，虽然在如何教授学生的英语口语方面有不同的理论和观点，但不论采取哪种理论作为我们课堂口语教学的指导思想，都必须发挥情感教学的作用，消除学生在用外语进行口语交际时的紧张、胆怯、畏难等消极心理因素，培养学生良好的交际心理素质，对于口语教学的实施是大有裨益的。

（二）激发学生学习动机，培养口语学习兴趣

为了让学生在口语学习中保持良好的心境和饱满的精神，提高学习效率，高职英语教师应该注意培养和调动学生学习的兴趣，因为兴趣是最好的教师。一方面，教师除了在授课过程中通过调整教学手段活跃课堂气氛、激发学生的学习兴趣外，还可以开展丰富多彩的第二课堂活动，使学生在参与英语活动的过程中激发学习口语的兴趣；同时，教师还应该从分析口语的重要性以及个人兴趣与国家需要关系入手，引起学生对口语学习的重视，使那些对口语不感兴趣的学生逐步转变观念，变消极被动为积极主动的学习；另一方面，要灵活运用“多媒体”等现代化教学手段和现代教学方法，创造一个轻松、和谐的气氛，努力消除学生因害怕、沮丧、反感而产生的心理障碍，并不失时机地向学生介绍口语交流技巧等。这样做的好处在于：不仅可以激发学生的兴趣，还可以为学生将来能准确、得体地与人交往打下良好的基础。此外，激发学生主动参与课堂交际活动的欲望，使学生不断获得成就感，增强其学习的自信心也是非常

重要的。从主观上讲，大多数学生对英语口语表达有着较高的热情，他希望在短期内能够提高口语表达能力。然而，口语学习不可能一蹴而就，需要下功夫勤学苦练。在学习中，学生势必会遇到困难和挫折，因此教师帮助他们保持好学习口语的热情和信心也是十分重要的。首先，在学练活动安排上，教师应该遵循由浅入深、由易到难的原则，从学生比较熟悉和感兴趣的话题谈起，先不急于让学生去说，而是尽量引导他们主动讲话，诱发他们用英语讲话的欲望。如果学生感觉不是被动地接受任务，而是积极地参与交流活动，其学习的信心势必会增强。

其次，为了吸引学生积极参与课堂交际活动，教师应注意学练活动的多样性和趣味性，寓乐于学。虽然高职英语学生比儿童和青少年更具有忍耐力和自控力，集中精力学习的时间更为长久。然而，在非目的英语环境下的语言学习不是一件轻而易举的事，无论对谁，单一枯燥的学练活动都会令人感到厌烦。因此，教师要发挥主导作用，采用丰富多彩的学练活动，提高课堂的凝聚力，使学生学有所乐，学有所得，这样学生学习的兴趣和信心才能保持长久。此外，教师还应该时刻鼓励学生，让他们充满成就感，感到自己在不断进步，因为成就感会进一步激发学生的学习动机和热情。这就要求教师要全面了解学生的情况，对他们的平均水平做正确的评估，以便确定适宜而且切实可行的学练活动。因为难度过大的学练活动会使学生感到目标遥不可及，有受挫感，在某种程度上，会影响其自信心，而使学习积极性降低。

（三）发挥学生主体性，创设以学生为中心的教学局面

教学活动是个双向活动，英语教学的实质是交际，是通过师生之间的交际活动，从而使学生掌握英语，形成运用英语的能力。课堂学习是学生获取知识和能力的主要途径，课堂教学是教师培养学生的主要手段，是高职英语教学的主要阵地，是加强学生口语训练的主渠道。因此，上好每一节课是教学双方的共同愿望。那么，作为课堂口语活动主导者的教师如何才能实现这一愿望呢？要想学好口语，学生的内在因素起决定性作用，而课堂教学则要以学生为中心，教师想要搞好教学，提高教学质量，达到预期的教学目的，就必须了解学生在教学过程中的心理活动。有人把课堂上教师和学生的关系比作演员与观众，认

为在课堂上教师就得像演员一样通过自己的表演来吸引学生。对此，不同的教师尽管有不同的经验和看法，但每一位课堂教学成功的教师一定具备吸引学生的魅力、渊博的学识、健康的思想和言行，以及灵活生动的教学方法来吸引学生，能够让学生身心愉快地参与课堂教学活动。也就是说，在口语教学过程中，教师应充分认识到：学生正处于心理发展的关键时刻，学习状态极易受情感因素的影响，学生对教师的情感能直接影响甚至决定他们的学习态度和效果。为此，教师要利用学生的这一心理特点，努力克服情感因素对学生的负面影响，从根本上提高自身素质和个人魅力。另外，应当搞好师生关系。一方面因为融洽的师生关系可以为口语课堂教学提供良好的气氛和和谐的人际关系，为有效实施各种教学手段奠定基础；另一方面，安全良好的课堂气氛也可以缓解学生的焦虑、紧张感，使他们感到轻松、自在，在这样的环境中，学生们往往会不由自主地融入课堂活动中，畅所欲言地表达自己的想法。相反，笼罩着紧张、竞争、敌意气氛的学习环境，会使学生产生一种心理上的畏缩感和学习上的消极感。因此，教师的任务就是要创造一种气氛，给学生一种心理上的安全感。这种安全感的建立，首先要求教师真诚对待每一位学生，善于调动和积极反馈每个学生的学习能动性，另外，在课堂活动中，要尽量多地使用鼓励性语言，对于学生的正确回答给予积极的表扬，而且教师必须适时、反复地告诉学生：教室本来就是学习并允许出错的地方，学习本身就是出错然后纠正并不断取得进步的过程。这样，师生间就可建立起信任感，学生就不怕犯错误，在无拘无束的气氛中主动思维，参与课堂活动。在学练活动中，教师还应该做学生的支持者、帮助者和控制者，学生在交际情境中一旦受阻，教师应及时插话或做些暗示，进行必要的圆场和启发，避免出现冷场，减轻学生的紧张、尴尬感，帮助学生顺利完成交际活动。

最后，合作性教学活动和学习情景有助于营造轻松、和谐的教学活动，也有助于营造浓厚、和谐的课堂气氛。在口语学习中，交际气氛的创造也是十分必要的。教师应充分发挥交际活动组织者的作用。师生见面时，教师主动、适时、即兴地寒暄几句，对安定学生的情绪、吸引学生进入外语课堂情景、创造良好的交际气氛有一定好处。灵活多样的交际活动，如学生间信息交流、讨论、辩论、角色扮演等，都有助于课堂交际气氛的建立。

总之，高职生是课堂教学活动的中心，教师起示范指导作用，是交际活动的设计者和组织者，教师为学生创造各种情景、明确训练任务、选择活动方式、讲明练习要领等，通过一系列多样化的、有兴趣的活动来充分调动学生的积极性和主动性。教师不能用“教”和“灌”来代替学生的“学”，必须根据教学实际需要精心设计活动，通过活动把学生的认知水平，教材内容、方法结合起来，提高学生的参与率和时间使用率，强化学生的主体意识，而且还要把握如下几个方面来进行：“活”即是把文字活化为话语，把教材内容活化为实际生活，把教学活动活化为交际；“动”就是让学生身体各个器官动、认知结构动、人的主体意识动。因而教师只能是口语活动中的领导者、组织者。教师只须讲明一堂课的训练任务，口语训练的方式，确保学生有足够的练习机会，所以教师必须有耐心，并且要善于设计主题，调动课堂气氛，但由于长期受传统的教学方法束缚，有些学生因为害怕犯错误，没有勇气开口说英语，作为教师就必须千方百计创造条件鼓励学生，让学生大胆开口，启发、引导甚至“逼迫”他们去说、去练，以达到学生口语最大的实践量，才能上好口语课，从而使学生在语言过程中自由表达他们的思想感情。因此，教师应精心设计课堂教学的各个环节，尽量多使用英语，给学生提供和创造真实的交流情景和创造性运用语言的机会，并起到表率和示范作用，结合课文学习和词汇、语法、句型练习、鼓励学生积极思维、踊跃发言，争取更多的说英语的机会。要通过诵读、背诵课文，使学生熟记词组、句型和一些固定搭配，增强英语语感，以便在复述课文，针对课文问答时，能够不假思索地脱口而出；与听力练习相结合，听后进行复述和问答。这样，学生就会从课堂上仿效教师说英语，发展到课下积极主动地多说英语。与此同时，在教学中，还应随时注意培养学生说话时的手势、动作和表情，说话时激昂慷慨，适当运用肢体动作就会大大增加语言的生动性和感染力。要求学生也像教师样在说话时带有手势动作和表情，这样可以活跃课堂气氛，提高学生兴趣。为了使学生对口语课有浓厚的兴趣从而积极参与，口语课应采取灵活多样的形式，枯燥乏味的气氛会使学生无话可说。从走进课堂到下课离开教室前，教师要始终不忘自己是学生话匣子的开启人。通过口语课堂教学，要使学生人人动脑，个个参与，在灵活多样的课堂学习环境中培养兴趣，调动积极性，从而提高口语能力。

（四）提高学生文化素养，营造良好的口语练习氛围及环境

教好外语的首要条件是尽可能地让学生接触外语和使用外语，因为语言环境是快速而有效地提高外语水平的重要条件。英语口语的学习经历着一个由易到难的、由侧重强化练习到侧重自由交际表达练习的循序渐进的过程，所以口语练习从开始就要鼓起勇气张口去说，逐渐养成用英语表达的习惯。口语是一套语言习惯，从人们早晨见面时的问候语、电话交谈方式到社会热门话题和内容都有着相对比较固定的句式和表达法，这些读起来很简单的句子，要想适时、准确地运用，则需要反复地练习，直至成为自己语言习惯的一部分。虽然我国已经加入 WTO，来中国经商和学习的外国人也明显增加，但学生们利用与外国人交流来学习英语的机会并不多，也没有一个好的语言环境。没有语言环境就要创造语言环境，而创造语言环境意味着人为制造出一种有利于语言学习的条件和氛围，如举办英语角、举行英语 party、主办英语板报、表演英语节目、甚至包括记英语日记等。

此外，口语教师还应该积极主动地组织学生创造第二课堂语言环境，使口语训练的途径多渠道、全方位；举办形式多样的课外活动，最大限度为学生创造可以模仿和练习英语的环境。如成立英语俱乐部、定期举办英语演讲比赛、英语晚会等；积极倡导学生开展校园口语活动，利用课余时间走进学生生活，督促、诱导他们在寝室、餐厅等一切场合，主动用英语交谈，使英语真正成为他们得心应手的交际工具。需要记住的一点：说的能力不是教师教会的，而是学习者自己主动创造环境和机会，开口实践练会的。

现代化教学设备也可以创造理想的语言学习环境，教师可以利用计算机和教学软件、多媒体技术并充分利用现有的电教设备进行教学。一方面，多媒体在计算机的控制下，综合利用文字、声音和图像来表达信息，可将教材的文字用声音形象表现出来，把英语运用的情景展示出来。这样，英语信息的输入不仅通过文字，而且通过声音、图像和情景呈现出来，真切反映了信息的原貌，使信息的真实性大大提高，为学生接受信息创造了有利的条件，让学生进入了

一个有声、有形、有色的活生生的英语交际世界，让学习者有一个身临其境的感觉。在教学过程中，授课内容从教师机传送到学生计算机的屏幕上，学生可以通过计算机以人机互教的形式进行自学和练习，充分发挥教、学双方的主动性。同时，教师也能监控每个学生的学习情况，以便及时反馈学习信息，又能将某个学生的学习情况示范给全体学生，这是传统课堂难以实现的。另一方面也可以利用多媒体、学校的影院、学生活动中心、校园英语广播，定期在周末为学生放映一些英文节目、新闻及原版电影，适度增加视听教学内容，为提高学生的口语能力服务，使学生通过耳濡目染训练出一口流畅地道的英语。此外，现代化教学设备不仅能够创造灵活多样的教学方法和生动活泼的课堂气氛，使课堂教学直观形象，十分利于口语教学，还可以加大信息量，增加语言的文化含量，扩大视野，提高学生的学习兴趣，改变一本教材信息量少的缺点。实践证明，只有教学内容多，信息量密集，才有利于信息加工和输出。此外，现代教学设备还具有跨时空、地域的特点，立体效果好，可以大大改善听说的条件，让学生大量地读、大量地听、大量地看、大量自然输入、自然吸收。这种大量输入的学习，有助于缓解学习者的紧张和焦虑情绪，发挥潜意识和下意识的作用，迅速提高学生的口语水平。学外语就像学游泳一样，学生必须泡在水中，而不是偶尔沾沾水，学生必须潜到水里去。这样，他最后才能像个熟练的游泳者那样乐在其中。教师必须改变那种把学生当作接受知识的消极“容器”的教学方式，通过各种方式调动和启发、发挥学生的主体意识，为他们创造一个良好的语言环境，让学生轻松愉快地“沉浸”在使用英语的环境中，因为在口语紧张的热烈气氛中，学生会很自然地把英语融入话题，激发起更大的兴趣和热情，这样学生口语水平才会得到迅速提高。

（五）强化语言知识，建立并完善考核体系

国家教委自 1987 年开始组织高职英语统考，目的是使高职英语管理规范化，把高职英语质量抓上去。但为数不少的学校却把四、六级考试合格率看作是检验高职英语教学质量的唯一标准，通过四、六级考试为教学的最终目的，他们在考试通过率上互相攀比，一时间题海大战硝烟四起，应试技巧大受师生青睐，导致高职英语教学几乎一直是围绕着考试而进行，结果四、六级合格率提高了，

却留下了学用脱节的后遗症，学生实际运用英语的能力不高，尤其是考试当中没有涉及的口语能力则更差。随着我国改革开放的进一步深化，经济发展和社会进步对人才培养提出了更高的要求，广大高职生也迫切要求提高英语口语水平，获得更强的英语口语交际能力，因而开展口语教学是语言自身的要求，是高职英语教学发展的必然，也是社会需求的反映。而长期以来，口语教学之所以不受到重视，其原因之一，就在于口语考试不好操作，迟迟未能实施造成的，如何对英语口语能力准确地进行鉴定，这个问题已经提到了议事日程上。人们常说：考试是指挥棒。考试本是学校教学活动的一个重要环节，它可以检查学生的学习情况和教学效果，对教和学起督促、引导作用，其显示功能、导向功能、激励功能及反馈功能，不容人们忽视。由于目前的口语测试还相当欠缺，给口语教学评估带来了一些困难，无法发挥其对口语教学的反拨作用。因此要提高学生“说”的能力，必须对口语进行测试。重庆某高职外语学院黄萍在 1999 年的“高职英语口语测试系统研究”课题研究中，对社会需求进行了调查，在对西南地区企事业单位职员的 350 份调查中，有 90% 的职员认为在高职英语四、六级考试设置口语测试是必要的，在对重庆地区高职在校生（已通过四、六级考试的学生）进行的 500 份调查中，以及在对四川及重庆地区高职教师进行的 70 份调查中，认为高职英语设置口语测试是必要的人分别占 90% 和 84%。因此，实施高职英语口语测试是非常必要的。所以，在日常口语教学中，应通过加强平时的口语测试来强化学生的语言知识。

1. 平时考试

整个学期进行两次考试（不包括期末考试），1 ～ 6 周一次，7 ～ 12 周一次，共测两次。时间分散在 2 周内，利用英语课前或者早读进行。内容包括：一是复述精读课文、归纳课文中心、分析人物特征；二是听力教材中的句型及表达法、通过情景对话回答问题。测试成绩根据语音、语调、流畅度，是否超时限等方面情况评分；两次测试做平时成绩，占期末总评的 30%。从结束第一课时起，每次课前花几分钟抽测 1 ～ 2 名学生，内容同上，每个学生一学期抽测两次，计入平时成绩，占总评的 30%。

2. 期末考试

期末口语考试集中时间进行；内容：一是抽签决定背诵精读课文10课中某一课；二是抽签决定复述精读课文10课中的某一课；三是抽签决定听力教材中的某一课，以该课文句型及表达法为基础，进行情景对话；四是看图说话并回答问题。根据语音、语调、流畅度、反应度及是否超时来评分；期末成绩占总评分的70%。

另外，由于国家四、六级考试只举行笔试，口试无条件，各高职完全可以自行组织对口语能力进行考核，面试由任课教师出题或由教务处统一组织出题，题型可分为回答问题，口试内容可围绕《高职英语》精读课文中的与学生生活和学习相关的文章来出。这一措施会使学生增加朗读课文的时间，注意正确发音，无论是对课文的熟悉、理解，知识的掌握，语感的增强，还是听力能力、写作能力的提高都是有利的。但要求参加口试的学生必须是四、六级考试合格者。总之，通过重视口语教学、加大口语的测试力度，完善整个测试系统就一定可以促进口语教学的有序发展。

第三节 英语阅读教学的新方法

一、支架建构教学的概念及其理论依据

高职英语教学转型的深入需要正确的教学理论指导。网络多媒体手段的高职英语阅读教学模式主要基于建构主义的支架式教学理论。支架式教学思想源自苏联著名心理学家维果斯基的“最近发展区”理论，即“现有发展水平”和“可能发展水平”之间的差距。前者指学生凭借已有知识，通过独立自学所能达到的水平；后者指在现有教育资源和现有发展水平基础上，通过教师的教学和辅导，可能达到的发展水平。中国人学习英语时，负迁移影响很大，学习过程中的错误屡见不鲜，因此语言教师的引导作用尤其重要，通过教学可以创造最邻近发展区。基于以上理论，人们提出了支架教学。“支架”原指建筑行业中的“脚手架”，应用于教学上，其实质是把概念框架作为学习过程中的脚手架，并按照学生智力的“最近发展区”，不停地将学生的智力提升到新的更高水平。教

师应在最佳教学区内给予学生合理的铺垫，搭建过渡“脚手架”，引导学生掌握并建构知识技能，把管理学习的任务逐渐由教师转移给学生，最后撤去支架。

高职英语阅读教学不应该消极地适应高职生英语语言发展的现有水平，应走在发展的前列，促进学生变被动学习为自主、独立的探索学习，不断把学生对英语的理解和认识从一个水平引导到另一个更高的水平。教学模式体现了教学高职生的主体地位和教师的主导地位及学生在学习中社会性的相互作用，结合网络多媒体的教学环境，对当前的高职英语阅读教学转型具有重大的意义。

二、支架建构教学模式在网络多媒体环境下高职英语阅读教学中的应用

传统的“填鸭式”教学强调传授、背诵、练习，存在诸多弊端。随着网络多媒体技术的飞速发展，支架建构教学模式愈来愈显示出其强大的生命力，为广大外语教师广泛采纳并应用。支架建构教学的理论基础及其特点非常适合网络多媒体环境下高职英语阅读教学。支架建构教学认为学习是一个以学生已有知识和经验为基础，通过个体与环境的相互作用主动建构的过程，教师是教学过程的组织者和指导者。在支架建构教学模式下，整个教学活动由“教师讲授为中心”转变为“问题讨论为中心”，由“知识传授型”转变为“综合思维能力训练型”，从而实现真正意义上的“授人以渔”，而非“授人以鱼”。教学包括五个环节：搭建脚手架—进入情境—独立探索—协作学习—效果评价。本节根据高职英语阅读教学的实际情况，将教学环节简化整合为三个，并分析每一环节上教师和学生的角色。

（一）搭建支架：阅读预习阶段

搭建支架指的是围绕当前学习主题，按“最近发展区”建立概念框架，进而将学生引入一定的问题情境中的某个节点）。教师通过了解学生阅读理解的“最近发展区”，指导学生自己搭建概念框架，进而查缺补漏，使学生在原有知识框架上得以进一步提升，从而使潜在的智力得以最大限度的发挥。在阅读预习阶段，教师将学生分成若干组，根据学生现有水平，布置相关预习工作，要求学生通过自主学习掌握语言基础知识支架和社会文化背景知识支架。在网络多

媒体语言下，教师是整个教学过程的组织者和指导者，利用情境、协作、会话等要素充分发挥学生的主动性，将有关本课词汇、语法、文化背景知识的预习任务提前布置给学生，鼓励学生通过字典、上网查询和小组讨论等手段学习并了解词汇、语法及相关的社会文化背景知识。学生所查询到的材料可以用来润色教师课堂教学。在课堂上，教师可以让各组学生进行预习工作的交流讨论，如作者介绍、文化背景介绍、大意总结等。

（二）以读带写：读写并重的课堂协作学习阶段

读书破万卷，下笔如有神。阅读和写作是两项既相对独立，又相互依赖、相辅相成的技能。阅读是写作的基础和前提；写作对阅读起促进作用。阅读教学不仅培养学生扎实的语言基本功，拓宽学生视野，开拓学生思维，增加学生阅历，而且提高学生的各种写作技能。写作能力较强的人阅读量大，阅读能力也较强；阅读能力较强的人则更能写出句法上更趋成熟的文章。读与写在高职英语教学中具有同等重要的地位。学生在课前预习基础上，通过阅读，大量吸收和储备书面语篇信息，为写作建立了信息和心理框架，使他们更能言之有理、言之有物，提高写作的质量。在阅读课上，教师可就本课阅读内容进行句型模拟操练、读后感练习等。协作学习是一种以小组形式组织学生进行学习的策略，即通过进行小组协商、讨论，在共享集体思维成果的基础上，达到对当前所学概念比较全面、正确的理解，完成对所学知识的意义建构。协作学习有利于增强学生之间交流，提高学生的学习业绩和综合运用知识的能力。在读写并重的课堂协作学习阶段，教师要全面掌握协作学习的特点，组织和调控协作学习活动，设计生动活泼的课堂活动，并随时进行多角色的转变，随时监控学生的个性化学习与小组协作学习，成为教学活动的设计者、组织者、引导者和监控者。

（三）独立探索：课内自主学习和课外自主学习阶段

教师要指导鼓励学生独立思索，逐步实现由教师启发引导过渡到独立探索。高职英语自主学习强调“以学生为中心”，是学生在教师的指导协助下，进行知识建构、自主能力培养与情感体验的过程。基于网络多媒体的高职英语阅读教学中的自主学习分为课内自主学习和课外自主学习。课内自主学习主要是学生在网络多媒体课件引导下，在教师的指令下自主独立完成阅读任务。课外自主学习指学生利用网络多媒体技术自主完成家庭作业及其他教学拓展任务，包括读后感、读书笔记、报刊阅读等第二课堂的自主学习。

自主学习是教师在对学生进行科学有效的学习方法指导和营造的学习氛围中，让学生发现知识的过程。在自主学习阶段，教学方式不再片面以教师为中心，而是在于学生的学，学生能否有效进行自主学习是教学能否成功的关键。教师的任务在于调动学生英语学习的兴趣，充分利用情感因素，创设意境引导和督促学生学习。通过提供学习策略和监控学生自主学习过程，引导学生将适合自身的学习策略应用到阅读理解的任务中。自主不等于自由放任，需要有效的管理和监督。可以采用的方式有：分组学习与合作学习负责制、小组成员成长记录、教师辅导、阅读考核等。

三、支架建构模式下的教学效果评价

教学效果评价是高职英语阅读教学过程中不可缺少的重要环节。科学的评价会产生正确的反馈和良好的教学效果，引导教师采用适当的教学内容和方法，促进教师不断反思其教学过程，进而促进学生发展。传统的效果评价过分强调现有知识评价的数量化，忽视了学生的兴趣、动机、创造性和学习能力、发展能力，使学生成为考试的机器，不利于学生全面和谐地发展和素质教育的全面实行。基于网络多媒体的支架建构模式下的高职英语阅读教学评价不再以学生的学习成绩为唯一依据，而是综合了学生学习过程的评价和教师课堂教学效果的评价，包括了师生在学习过程中的情感因素、思维品质等。它倡导自主合作的学习方式，强调教学过程中师生互动和生生互动，唤醒学生的主体意识，使学生成为课堂的主人和发展的主体，其结果能更大程度地促进学生的全面发展。支架建构模式下的高职英语阅读课程教学效果评价是对学习效果的评价，包括学生的个人自我评价、小组对个人的学习评价和教师评价。评价内容包括自主学习能力、对小组协作学习所做出的贡献、是否完成对所学知识的意义建构三方面。教学评估在实行以学生自主学习为特点的网络多媒体教学中尤为重要。它既是教师获取教学反馈信息，改进教学质量，保证教学质量的重要依据，又是学生调整学习策略、改进教学方法、提高学习效率的有效手段”。通过课堂活动和课外活动的记录、网上自学记录、学习档案记录、作业评分、卷面成绩、问答等形式对学生学习过程进行效果评价，促进学生更有效地学习。

基于网络多媒体的高职英语阅读教学应表彰表现突出的小组，鼓励学生独立探索与小组合作，并将传统考评方法与网络化考评方式相结合，以评促改，使阅读课效果评价更趋科学合理。基于网络多媒体的高职英语阅读教学模式强调师生互动合作和自主、协作学习。教师是整个教学过程中的组织者、指导者和监督者，通过教学各环节的合理设计，充分发挥学生的主动性和创造性，使学生有效地实现对当前所学知识的意义建构，不断将学生的阅读从一个水平提升到另一个新水平，使高职英语阅读教学实践取得明显的成效。

第四节 英语写作教学的新方法

一、结果法

在写作教学研究史上，结果法属于文本分析阶段，经历了控制性作文模式和对比修辞模式两个发展历程。自 20 世纪 50 年代以来，结果法一直在我国英语写作教学中占主导地位，其理论基础是结构主义语言学和行为主义心理学。结构主义从语言形式而不是从语义上来描述语言，并且忽视了语言的功能。行为主义深受巴甫洛夫条件反射理论的影响，强调外部语言环境的主导作用；斯金纳的条件理论更是重视强化作用。在此理论基础上，教学就是教师给予刺激，学生做出反应的过程，教学模式多为“教师命题—学生写作—教师批改”。

结果法的写作过程是首先讲授理论、展开手法与写作技巧，然后提供范文、分析修辞形式和结构模式，最后进行范文仿写。结果法重视写作结果，强调语法、句法、词汇、拼写等句子层面的教学，是最基础的，有利于初学者对基本语言形式的掌握。它注重范文仿写，使学生在写前对文章的文体、组织结构等有一个清晰的概念，有利于一些特定文体和篇章结构的写作。对于高职生来说，结果法让学生就规定的命题在规定的时间内独立写作，既能训练学生在有限时间内积极思维、动用所有能力储备，又是一种实用的考前训练。正是因为以上诸多优点，结果法是我国高职英语写作教学中最常用的一种模式。

然而，随着英语教学理论的发展，人们逐渐认识到结果法的弊端：一是教学过程“以教师为中心”，而不是以“学生为中心”。结果法的整个写作过程都在教师的完全支配下完成，写作过程被简化为机械的输入、输出过程。二是学习过程没有“以学生为本”。写作成为练习语言的手段而缺乏思想创意。师生之间缺乏思维的真正交流，学生只是被动地接受知识，没有自主创造的空间。三是评价方式只有“终结性评价”，没有“形成性评价”。教师把教学重点放在评估学生成绩，却忽视了写作是一个创造性思维的过程，仅分析文本远不能揭示写作过程的本质。四是忽略了写作的交流目的，缺乏对学生情感和人文素养的培养。我们进行写作训练的目的不仅要让学生掌握谋篇布局，更要引导学生通过写作认识自我、挖掘潜力、开阔视野，最终能积极地参与交流这一高层次社会文化活动。

二、过程法

20 世纪 70 年代诞生的写作过程模式结束了写作研究的文本分析阶段，研究重点从写作成果转向了写作过程。该模式认为，写作是一个复杂的、反复的、非直线的过程，更是一个创造性地进行思维的过程，由此过程法应运而生。

过程法以建构主义的认知心理学、合作学习理论、人本主义理论、输入理论及图式理论为理论基础。根据交际法理论，语言学习的过程，是一个由有错误、不完善的言语过渡到正确的、完善的言语的过程，所以在学习过程中出错是一种正常现象，教师应透过错误发现学生理解上和学习方法上的问题并予以解决。写作教学应该是教师帮助学生理解、消化写作内容的过程，而过程法就是创设真实的情境、提供交际的语言材料，让学生在写作过程中创造性地进行思维的过程。根据过程法，复杂的思维过程才是写作的关键，而最终的作品只是这个过程的表面化。

过程法的倡导者们通过对英语写作教学进行大量研究，证实了过程法的可行性，并积极倡导在课堂实践中应用此法。倘若学生只对写作成品而不对写作过程产生兴趣，那么他们的写作能力难以得到提升。写作课的重点应放在写作表达和创造的过程之中，要让学生理解篇章结构，就应该把重点放在写作前的阶段，而不是检查阶段。对于写作过程的研究，早在 70 年代有学者就采纳“有声写作分析法”对写作者的心理活动进行了分析，并提出了写作的认知过程模式。他们把写作概念化为三个核心成分：习作的任务环境、作者的长时记忆和写作过程。其中，写作过程中的心理活动分为三个基本过程：构思、译写和修改。这三个过程循环反复，相互渗透，贯穿于写作者对自己的思想认知、发展、组织的全过程。

但是，迄今为止，研究者们仍未对写作过程的具体描述达成一致意见，把写作过程分为五个阶段，即触发、收集资料、成文、修改、编辑；写作“三部法”，即构思、句子、关系，帮助低水平学生写作；四阶段，即写前准备、写作阶段、修改、编辑，这四个阶段互相交叉、循环反复，此模式目前最为人们广泛接受。虽然研究者们对于过程法的具体步骤划分有不同的见解，但基本操作内容是相同的。

近年来，大批的国内外研究者也相继论证了过程法的理论意义和实践意义。如MVince指出过程法的教育意义，指出写作只有与学习者的人生经验发生联系，才能成为一种有意图、有意义的学习活动。

三、体裁法

体裁法是一种建立在体裁基础上的教学方法，它以体裁和体裁分析理论为基础，注重语境和写作的目的。体裁分析理论认为，写作是为了实现特定社会环境中的某一交际目的，所写文章是一种交际的工具。因此，体裁法的宗旨是引导学生提高体裁意识，了解到不同的交际目的会产生不同的体裁语篇及其篇章结构，这一点与结果法类似；引导学生认识到语篇既是一种语言建构，也是一种社会的意义建构，所以写作会随社会语境的不同而变化，这一点与结果法不同；引导学生掌握语篇的图式结构和建构过程，从而理解和创作某种体裁的语篇。

关于体裁的定义，很多学者都曾进行过描述，并且各有不同的侧重，但对其本质的界定是一致的，都认为交际的目的决定了体裁的存在，使得某类语篇具有大体相同的图式结构，而这种图式结构影响着语篇的内容和语篇风格的选择。他们都强调体裁具有常规性和制约性，其基本原则不能被随意更改。在体裁分析上，通常以语步和步骤作为语篇分析的出发点，分析对象多为学术和语篇。

体裁法吸收了成果法和过程法的优点，并弥补了其不足，其优势在于：

第一，体裁法对语篇的体裁结构进行深层次分析，从根本上解决了学生怎样谋篇布局才能写出一定交际目的佳作的困扰，这正是成果法和过程法所欠缺的；第二，体裁法的“体裁分析”使学生明确了不同体裁的语篇有不同的图式结构，有利于学生学会结合相应的语境和交际目的，灵活运用相应体裁的修辞技巧，从而更深刻地理解、创作出丰富多彩的语篇，提高学生的创造性思维能力和整体写作能力；第三，体裁法较好地处理了写作任务必须解决的三个问题，即就某体裁进行内容确定、就语言表达方式进行选择、就选择好的内容和语言表达方式进行修辞方法的组织。

四、支架式教学

建构主义的教学模式中比较成熟的是支架式教学。支架式教学定义为：“支架式教学应当为学习者建构对知识的理解提供了一种概念框架。这种框架中的概念是为发展学习者对问题的进一步理解所需要的。为此，事先要把复杂的学习任务分解，以便把学习者的理解逐步引向深入。”支架式教学的理论基础是建构主义。建构主义理论源自认知心理学和社会心理学的研究，是一种认为人类的知识源自其经验的心理学知识理论，是学习理论中行为主义发展到认知主义以后的进一步发展。建构主义强调学生在学习过程中的主体性，认为学习是一种自我构建过程，学生不是被动的信息吸收者，而是主动的知识构建者。有学者指出“知识不是被动吸收的，而是由认知主体主动构建的”。学习过程不是简单的信息输入、存储和提取，而是新旧知识之间的相互作用过程，即通过“同化”和“顺应”两种途径来建构新图式的过程。同化是认知结构的量变，而顺应是认知结构的质变。在“平衡—不平衡—新的平衡”的矛盾循环中，学生的认知结构得到不断改造、重组、提高和发展。建构主义还认为，教师不再是传递知识的权威，而是学生自我构建活动的引导者、帮助者、评价者。毫无疑问，建构主义理论把握了学习的过程性特征，它所要求的学习环境也得到了现代教育信息技术的强大支持，从而为支架式教学提供了重要指导思想。

支架式教学的过程就是先建立情境使学生能容易地开始学习，然后根据学生的逐渐发展，教师渐次撤除支持使学生自主学习的过程。支架式教学的特点体现如下：

1. 在最近发展区内开展教学

支架式教学的教学原则首先强调以学生为中心，学生才是学习的主体，能够主动建构知识意义；教师不是传授知识，而是创设环境，促进学生进行意义建构；媒体也不仅是授课手段，更是学生主动学习、协作探索的认知工具。所以，教学必须根据学生的实际认知发展水平和需要，不断进行调整和干预。换句话说，学生的已有经验和知识是建构新的知识结构的基础，所以教学必须保持在最近发展区内进行，这就意味着支架式教学因为给学生提供了相应的支持而使其获得了比独立学习更高的发展水平。

2. 有效地合作与互动

支架式教学的教学原则不但强调以学生为中心，而且强调在意义的建构过程中合作学习和情境的作用。建构主义认为，理想的学习环境应当包括“情境”“协作”“会话”和“意义构建”四大要素，并且强调知识建构的主动性、差异性、社会性和情境性。每个学生的知识都是基于自己的经验背景以特别的方式来建构。因为大家的经验背景不同、学习情境不同，对知识的理解就会存在差异。所以，师生之间、学生之间需要共同就某些问题相互交流，这就促使每个学生在教师创设的一定任务“情境”中，通过“协作”“会话”来不断修正自己的“意义建构”，而这种基于学生真实交流需求之上的合作与交流是非常有效的。支架式教学还强调多种形式的学习，如小组学习、个人学习、全班讨论等，在相互交流中真正体现了学生的学习自主性、独立性和创造性。

3. 提供动态化支架

支架式教学需要特别注意的是，教师不仅要为学生的学习搭建支架，还要帮助拆除支架，使其在语言运用中不依赖支架。支架的目的是帮助学生以最快的速度有目的地发展，并最终学会学习。就像婴儿的学步车，当婴儿学会走路了就不应再用学步车。所以，当学生的能力发展到一定程度时，教师必须逐渐撤除之前的支架，转而提出新的目标并提供新的支架。这样，学生的认知图式就会在支架的动态支持下从一个水平发展到另一个更高的水平。支架式教学主要包括以下几个环节：

一是搭脚手架。教师应围绕当前学习主题，按“最邻近发展区”的要求，建立概念框架，不仅要分析教学目标与学生的现有发展水平，还要考虑两者之间的关系，即把握学生的最近发展区。然后，创设学生感兴趣的、处于最近发展区内的、有利于学生意义建构的问题情境。

二是进入情境。教师将学生引入一定的问题情境（概念框架中的某个节点）。激发学生学习兴趣，并使之形成学习动机。本环节要注意视听与思考结合原则。

三是独立探索。教师为学生确立目标后，让学生独立探索。在这一环节中，教师要发挥学生的主动性，给学生提供不同的支架来引导学生积极与学习环境、信息资源相互作用，发现新旧知识之间联系的线索并不断构建新的知识结构。本环节要注意主体性原则。

四是协作学习。教师应引导学生进行小组协商合作。在讨论过程中，不同经验背景的学生会形成不同的认知结果，多种不同理解互相碰撞、调整、转化，最后在共享集体思维成果的基础上达成正确的共识。本环节要注意目的性原则和整体性原则，即整个学习群体（包括教师和每位学生）共同完成对所学知识的意义建构。

五是效果评价。评价方式可以是自我评价、小组评价和小组互评等。评价内容包括自主学习能力、对小组协作学习所做出的贡献、是否完成对所学知识的意义建构。此环节是反馈原则的重要体现。在支架式教学的写作过程中，教师创设与主题相关的、激发学生兴趣和写作动机的真实情境，提供学生认知工具，培养学生认知加工策略，帮助学生逐步减少外部支持、增加独立写作的能力，有效地促进了学生认知能力的发展。写作是一个复杂的认知过程，需要进行不断的长时间智力消耗，而且具有社会性和合作性。我们的写作教学能否促进学生写作水平的提高，关键要看教学方式与学生现有水平的联系程度。因此，重视“支架”的构建将有利于在最近发展区理论指导下促进学生的写作学习，培养学生的综合语言运用能力。

总之，“结果法”因过于注重写作结果的准确性而忽视了写作过程。“过程法”虽然认识到写作过程的复杂性、反复性、创造性，但无法使学生一次性完成写作并正确评估自己的写作能力。“体裁法”旨在使学生能够按照教学计划要求写出不同体裁的文章，虽然卓有成效，但仍不完善。“支架式教学法”注重在最近发展区内教学，强调师生、生生之间的有效互动和小组合作，提倡教师指导下的以学生为中心的学习，优势明显。

综上所述，几种教学方法的综合共同指导了目前的英语写作教学。尽管国内外对英语写作方面的教学研究是多角度、多层次的，对当前的写作教学实践有很大的指导意义，但是这些教学法只是针对英语写作这个大概念，对高职阶段，尤其是普通高职的研究还比较薄弱。从青岛高职的情况来看，以前的方法很不理想。本节将结合一定的教学情景，采用以多种教学方法为基础、建构主义教学模式下的支架式教学法为主的教学方法，探讨高职英语写作教学的总体思路，进而从各方面提高高职生写作能力。

第五节 英语翻译教学的新方法

一、翻译理论：一套基础理论

当今的翻译理论界流派众多，各路学者从不同研究角度提出各自对翻译活动的理解，他们的理论大多观点独特，旗帜鲜明。然而，高职英语翻译教学受到课程设置的影响，学习时往往捉襟见肘。教师必须寻找一套适合高职英语翻译教学的基础理论，以此指导学生的翻译实践。而选择什么样的翻译理论则是由高职英语翻译教学中所涉及的原文材料的特征决定的。高职英语翻译教学中涉及的原文材料一般具有如下特征：句子较短、结构相对简单、理解难度适中；很少涉及意识形态等因素；文学性较弱。简单的句式结构降低了翻译的相对难度，也相应地提高了译文与原文之间意义和风格“贴切”的程度。高职英语翻译教学中涉及的原文在编写时选材严格，很少涉及可能和目标语意识形态相冲突的因素，特别是政治、伦理等方面的因素。因而，翻译理论界许多基于历史、社会和文化方面的理论可以不对学生做介绍。毕竟，术业有专攻，我们不可能也不需要把学生都培养成翻译研究方向的人才。

翻译的本质是“用译语再现源语信息”，译者的任务是“用最贴近、最自然的对等语再现源语的信息”。同时，也提出了翻译的两个基本要求：传达原作的意义与风格、译语语言自然顺畅。在处理内容和形式的关系问题上，奈达和其他许多翻译家都主张，必要时形式可以让位于内容。此外，奈达在论述翻译的具体过程时，提出了译者应遵循的四条原则，即：内容的一致优于词与词的对等；动态对等优于形式上的一致；口头形式优于书面形式；听众和读者的需要优先于传统的语言形式。这四条原则中，前两条对我们尤其具有指导意义，即翻译应该追求译文与原文内容上的一致，而不是片面地追求字与字的对等，应追求译文与原文之间一种动态对等的关系，需要忠实传达原文的信息，而不是拘泥于原文形式，必要时，形式可以让位于内容。

奈达的翻译理论可以为高职英语翻译教学指明方向，具有很强的适用性。在此理论的指导下，学生可以清楚地知道翻译的要求和标准。另一方面，奈达的翻译理论也暗示了翻译理论和实践中存在的不同翻译策略—直译和意译、异化和归化的纷争。因而，有必要让学生深入了解这两对核心翻译策略。

二、英语翻译策略：两对核心策略

在翻译研究界，有两对翻译策略始终占据翻译研究的核心地位，它们分别是直译和意译、异化和归化。翻译界过去常认为直译和意译、异化和归化彼此相互对立，非此即彼，翻译时译者必须做出取舍。随着国内外翻译研究的深入，理论界对这两对概念有了新的认识，开始用一种辩证、互补的眼光看待两者之间的关系。

（一）直译与意译

一般来说，直译主要追求译文形式与内容都与原文一致，即以原文信息和风格为标准；意译主要追求译文传达的信息和内容与原文相似，在译文的表达形式上则另辟蹊径，即译文内容一致而形式不同的翻译。由此我们可以看出，不论是直译还是意译，都强调译文和原文在内容上的一致性。翻译中，既有直译存在的必要性也有意译存在的可能性。使用直译还是意译，取决于英语和汉语两种语言的规则。一般来说，直译的译文不仅可以忠实地表达原文的思想内容，而且可以尽可能地保留原文的语言特色，做到“形神皆似”。但当源语和译语语言结构差异较大的时候，直译的译文往往会在通顺程度上大打折扣。因而，必要时可以借助意译，牺牲原文的部分形式以换取流畅的译文。

有关人士在高职英语翻译教学中发现：学生由于缺乏翻译理论和思想的指导，在翻译实践中处于一种思想混乱的状态，他们片面地认为翻译就是字与字、词与词、短语与短语之间的转换，结果译文成了不同字词的堆砌，即所谓的“硬译”和“死译”。译文佶屈聱牙，文理不通，读者不知所云。还有部分学生不能很好地理解原文，满足于一知半解，翻译时喜欢主观臆想，任意发挥，结果成了“胡译”和“乱译”。死译和乱译这两种现象的发生，和学生不了解翻译理论、缺乏翻译思想的指导密切相关。这属于认识论上的问题，与学生的语言能力没有太大关联。

针对这个问题，教师可以在平时的课堂上有计划地向学生传授相关翻译思想，及时地让学生接受理论的指导，使学生在思想上对翻译活动具备较好的认识，上述“死译”和“胡译”现象是完全可以避免的。此外，高职英语翻译教学中所涉及的原文一般以叙事文、议论文或者略带科普性质的文章为主，鲜见纯粹的科技文和纯粹的文学作品这类文体。文章的长短适中、词汇量合理、句式结构相对简单，理解难度适中，这些特点都为直译提供了很好的先决条件。因此，学生可以优先采用直译的翻译策略去处理原文的内容和形式，尽可能多地保留原文的信息和风格。高职英语翻译教学中涉及的原文大多比较“纯洁”，几乎不涉及和目标语意识形态相冲突的社会文化因素，学生在翻译过程中，应以“求真、求信”作为指导方针，晚清林纾式的增、删、改原文的现象在高职英语翻译实践中是应该力图避免的。最后，高职英语翻译材料一般文学性较弱，表达手段比较简单，为学生保留原文的信息和风格提供了可能。因而，直译可以作为高职英语翻译实践中优先考虑的翻译策略。能直译时尽量直译，当直译出的文字生硬拗口时，则需要尝试适当变通，必要时，可以牺牲原文一部分形式和重复不必要的内容来换取译文的可读性。许多长句，既不是靠单纯的直译也不是靠单纯的意译，而是靠直译和意译的结合。

（二）异化与归化

异化是指以源语文化为归宿，要求译者向作者靠拢，采取对应于原文作者使用的表达方式，来传达原文的内容；归化是指以目标语文化为归宿，要求译者向目标语靠拢，采用目标语习惯的表达方式，来传达原文的内容。异化可以很好地保留源语的异国情调，归化可以产生通顺流畅的译文。国内翻译理论界曾在相当长的一段时间里认为“异化”与“归化”不过是“直译”与“意译”的翻版。作为翻译策略，前者应属于后者的下位概念。

我们可以认为直译和意译主要针对翻译中的语言问题，而异化和归化则涉及翻译中的语言、文化、社会等诸多方面的问题。在高职英语翻译教学中，发现学生对异化和归化的概念没有丝毫认识，他们是用一种自己满意的方式进行着翻译活动。总体来说，受到母语汉语的影响，学生总是在潜意识里不自觉地将译文向着符合汉语语言和文化规范的方向发展，即使用归化的翻译策略。至于母语对翻译活动的影响，以色列翻译理论家图里在他的描述翻译学中早有论述。由此看来，学生在潜意识里将译文归化的做法也算情有可原，只不过归化要把握一定的分寸，倘若归化过度，则易引起原文信息和风格的缺失，影响原文的表达效果。当然，学生在翻译实践中亦不能刻意异化，以免使译文晦涩难懂，牺牲译文的可读性，降低翻译交际活动的效果。作为两种翻译策略，异化和归化是对立统一、相辅相成的，两者密不可分。异化融于归化之中，归化中包含着异化，不存在绝对意义上的异化和归化。我们平时所说的异化与归化，主要是就译者的倾向性而言，即以异化为主或者以归化为主。翻译的过程总是异化和归化相结合的过程，作为译者的学生可以自行决定使用异化还是归化，在异化和归化中间找到一个很好的“融合点”。就目前高职英语翻译材料的特点而言，建议学生在英译汉中，较多采用异化的翻译策略，在译文中保留较多的异域文化因子；而在汉译英中，建议学生较多地采用归化的翻译策略，在语言上尽量去适应英语语言文化。

三、翻译技巧：多种翻译技巧

长期以来，在非英语专业学生（即便是英语专业的学生也未必研究翻译）中存在这样一种误解：翻译技巧即翻译理论。实际上，翻译技巧不同于翻译理论。翻译理论是对翻译活动的宏观指导，翻译技巧则是译者经验的总结；翻译理论大多深奥抽象，翻译技巧则具体明确；翻译理论与翻译技巧针对不同的研究对象，不可以相提并论。很多学生虽不懂翻译理论，却在翻译实践中无意识地运用了不同的翻译技巧。常见的翻译技巧包括增译法、省译法、转换法、分译法、合译法等。所有这些翻译技巧都是以目标语言规范为导向，运用这些翻译技巧的共同目的只有一个，即产生自然流畅的译文，这可以从奈达的翻译理论中找到依据。目前介绍翻译技巧的书籍非常多，其归纳总结的翻译技巧也是包罗万象。因本书重点并非详细讨论这些翻译技巧，因此下文仅对几种常用的翻译技巧做理论上的论述。

翻译理论要求译文语言必须自然流畅，即符合目标语的语言规范。因而，在翻译中，我们有时为了使译文忠实地传达原文的意义和风格，并且使译文合乎目标语的表达习惯，必须增加一些词语。这些词语以虚词为多，也可酌量增加实词。通过增译，可以使译文语法结构完整，同时也可以保证译文意义明确。和增译法相反，翻译中的省译法是使译文洗练的主要手法。由于英汉表达习惯的不同，原文中一些词和表达翻译出来后会违背目标语的表达习惯，使译文显得累赘拖沓。所以有必要将重复不必要的内容加以删减。减译法一般依循“减词不减意”的原则，适当采用减译法是确保译文自然通顺、简洁明了的必要手段。

转换法指翻译过程中为了使译文符合目标语的表述方式、方法和习惯而对原句中的词类、句型和语态等进行转换。具体地说，就是在词性方面，把名词转换为代词、形容词、动词；把动词转换成名词、形容词、副词、介词；把形容词转换成副词和短语。在句子成分方面，把主语变成状语、定语、宾语、表语；把谓语变成主语、定语、表语；把定语变成状语、主语；把宾语变成主语。在句型方面，把并列句变成复合句，把复合句变成并列句，把状语从句变成定语从句。在语态方面，可以把主动语态变为被动语态，被动语态变为主动语态。分译法和合译法是两种相对应的翻译方法。分译法是把一个长而复杂的句子拆译成若干个较短、较简单的句子，通常用于英译汉；合译法是把若干个短句合并成一个长句，一般用于汉译英。汉语强调意合，结构较松散，因此简单句较多；英语强调形合，结构较严密，因此长句较多。所以汉译英时要根据需要，利用连词、分词、介词、不定式、定语从句、独立结构等把汉语短句连成长句；而英译汉时又常常要在原句的关系代词、关系副词、主谓连接处、并列和转折连接处、后续成分与主体的连接处以及结束处将长句切断，译成汉语分句。这样就可以基本保留英语语序，顺译全句，符合现代汉语长短句交替、单复句相间的句法修辞原则。

四、高职英语翻译教学的转型

（一）转型高职英语教材内容，改进课程设置

目前，全国大范围使用的几种非英语专业高职英语教材，大多数对听、说、读的训练量是足够的，而对翻译的训练量则很少，翻译技巧及理论的内容更是空白。所以，加入适量翻译内容进入教材，添入相关翻译理论及技巧是转型教材工作的重要内容。但随之而来的一个问题是高职英语教学内容多，课时有限，很难保证学生切实地完成新增翻译任务，因此，这就需要转型高职英语的课程设置，即高职英语教学在精读、视听说等课程的基础上增加翻译课程。另外，教师要不定期举办翻译讲座或开设相关的翻译选修课程，如基础阶段的翻译技巧、英汉对比等课程和提高阶段的西方文化、商务谈判、文化与翻译、跨文化交际学等课程。这些课程的开设既可激发学生对翻译课程学习的兴趣，又弥补了高职英语基础阶段学时有限的不足。

（二）转变高职英语教学模式，优化教学组织

高职英语翻译教学的成功与否在很大程度上取决于教学模式是否合理。合理的教学模式主要体现在：一是体现“以学生为中心”的现代教育理念。教师要从根本上理解翻译课的内涵，从而在教学实践中自然而然地向“以学生为中心”靠拢，充分调动学生学习的积极性和主动性。二是学校应针对不同水平的学生开设不同的翻译选修课，包括基础性质的选修课（如翻译理论与技巧）和综合性的选修课（如结合语境的多样化翻译实践）。三是教师要结合学生的具体需要进行授课，并及时获取学生的反馈信息。

（三）加强高职英语翻译教学师资队伍建设

目前，很多高职英语教师主要以语言学和文学等为研究方向，当他们置于翻译教学的平台上，翻译理论知识的缺乏暴露无遗。因此，加强对高职英语教师的继续教育十分必要。高职英语教师的继续教育应注重对其东西方翻译理论、翻译史以及口笔译技巧方法的教授。同时，英语教师还应加强自身学习，树立终身学习意识，提高自身专业素质以顺应教学形势。许多教师在日常的教学过

程中感到英语游刃有余，而相关汉语知识相对匮乏，这就要求英语教师提高自身的汉语水平。此外，英语教师还应对世界各国文化和其他学科知识进行了解。

（四）提高学生语言的综合能力，弥补翻译能力的不足

要提升学生的翻译能力，最重要的一点就是要改变学生以往对于翻译的错误认识，要端正翻译学习的态度。学生学习态度的转变对学生今后的翻译学习有着重要的影响。在高职英语教学中，教师要着重扩大高职生的词汇量，加强对翻译技巧的讲授，补充对于不同类型英语语篇的不同翻译技巧和方式的讲授，增强学生翻译方面的知识储备。学生要加强对英汉两种语言文化背景知识、语境语义的学习和研究。一种语言意思的表达在很大程度上依赖于其文化背景和语境。广泛涉猎母语和英语的相关文化，了解其底蕴和内涵，尤其是不同语言间的差异，这对于学生翻译能力的提高作用明显。例如，对于翻译词典的使用，词典只是提供标准的、忠于原意的解释，但在选用时必须结合文句的语境语义做出适当的调整，以免使句子生硬甚至错误。此外，学生还应利用课余时间，扩充有关知识，有助于翻译出地道的文句。

高职英语教学转型的目的是为了完善高职生的知识体系，培养高职生的英语综合运用能力，而翻译能力正是英语运用能力的综合体现，值得我们认真思考与探索。翻译理论为各种有效的翻译策略和技巧提供了理论依据，可以帮助学生发现翻译活动中的规律，解释翻译活动中的各种现象。在高职英语翻译教学的课堂上渗透翻译理论可以提高学生的理论意识，拓宽学生的视野，增强他们用翻译理论审视自己的翻译活动的能力。教师在翻译教学中一定要处理好翻译理论、翻译策略和翻译技巧三者之间的关系，在教学过程中要注重培养学生获取、掌握和运用知识的能力，充分发挥学生的主动性，采取灵活的教学方式。学生方面则可以多阅读汉语名著，增强汉语文学修养，学生的积极思考和翻译实践是提高翻译能力的必由之路。学生的翻译能力在理论指导下结合适量的翻译实践，一定可以得到很大的提高，高职英语翻译教学的尴尬境地也会因此得到改观。

第五章 英语基础知识教学的解构与重塑

第一节 英语词汇教学的解构与重塑

一、词汇教学理论的解构

（一）词汇与词汇能力

1. 词汇

词汇指语言中全部的“词”和“语”的整体，是一个集合概念。英语中的词汇，就是英语中全部的词和所有固定形成的词组的整体。

词和词汇之间是个体与整体的关系。一种语言中一般只存在一个词汇系统。

词汇的含义并不是单一的，词汇不仅能够表示一个语言中的全部词汇，还可以指代特定历史时期的词语，如古英语词汇、中古英语词汇和现代英语词汇。词汇可以指某一种语言中的词汇，可以是某一种方言中的词汇，可以是某一本书的词汇，还可以是某一学科中的词汇。词汇不仅仅是单独的个体，它具有一个广阔的领域。

2. 词汇能力

词汇能力对英语学习和发展极其重要，是语言交际能力的重要组成部分。英语词汇教学与学习的目标都是提升学习者的词汇能力。

提高学生的词汇能力不仅仅是要学生懂得词汇的含义，还需要让他们学到其他的知识，如派生词及其词义、同义词间的区别、词汇与句法的作用、词汇在不同语境下的使用范围等。用一句话概括这些知识就是要懂得词汇的应用能力。

词汇能力的内容概括为九个层面。

（1）了解一定数量的词汇。

（2）了解构词法。

（3）明白多义词包含的多重含义。

（4）了解词汇的内涵意义。

（5）能够对近义词、同义词进行区分。

（6）了解词汇的搭配情况。

（7）弄懂词语的造句能力。

（8）明白单词的使用场合、使用频率，以及使用场合、使用频率的局限性。

（9）弄清词汇的连贯性，明白如何在语篇中进行联系。

（二）词汇教学的现状

英语词汇教学的现状主要体现为以下几点。

1. 教学缺乏系统性

教学缺乏系统性是目前高职英语词汇教学的问题之一。现有课本所包含的课文，内容主题都缺乏系统性，几乎每一册课本都包含多个主题，如人物事件、生活常识、旅游观光、社会道德、历史经济等。但词汇的联系在于词义，如果课文缺乏共同主题，那么词汇也就难以形成共同的纽带和轴心，也没有一个共同的知识体系。这就导致高职英语词汇教学缺乏系统性，学生在联想、记忆和应用的时候就会陷入一种无章可循的散乱状态。对此，在高职英语词汇教学中，教师应将学生的词汇学习纳入知识系统学习的轨道，以使学生的词汇学习更加有效。

2. 教学方式落后单一

词汇的掌握离不开记忆，所以词汇的学习往往比较枯燥乏味，这就需要教师采用多样性的教学方法来激发学生的兴趣、提高教学效率。然而，实际上很多教师仍习惯采用传统的教学方式，即教师带领学生读，讲解重点词汇用法，学生记忆单词。这种教学方式不仅单调乏味，而且忽视了学生的主体地位，学生始终处于被动的学习状态，也无法有效调动学生的积极性，甚至会引发学生的抵触情绪，教学与学习效果自然无法提高。

3. 死记硬背现象较多

死记硬背是我国学生词汇学习中普遍存在的问题。词汇是听、说、读、写等技能提高的基础，很多学生都意识到词汇的重要性，因此乐于花大量时间背诵单词。然而，很多学生学习词汇的结果是，时间花费了，精力花费了，效果却不尽如人意。之所以会有这种结果，很大程度上是因为学生不注意单词拼写联系，采用死记硬背的方式来记忆单词，而一时背下来的单词是很难深刻记忆的，而且容易遗忘。实际上，每个词汇只有在实际的语境中才具有准确、清楚的含义，所以学生应将词汇与语境结合起来理解和记忆词汇，提高记忆的效率。

4. 学生缺乏自主学习意识

我国学生在英语学习中普遍存在缺乏自主学习意识的问题，词汇学习也不例外。学生在课上只是被动地听教师讲，到了课下就机械地死记硬背，表面上看时间都用上了，但收效甚微。正是由于自主学习意识淡薄，学生不愿意主动学习词汇，更不愿意搜集与词汇学习相对应的课外阅读材料和口头作文训练。在信息化时代，学生可以借助多种手段来辅助学习英语词汇，不仅可以通过图书馆、词典学习，也可以充分利用网络、多媒体等工具和手段学习词汇，还可以通过听英语歌曲和欣赏英语电影等适合学生口味的手段来学习词汇。

（三）词汇教学的内容

英语词汇教学的内容主要包括词汇意义、词汇用法、词汇信息以及词汇语法。

1. 词汇意义

英语词汇教学首先应使学生掌握单词的含义。一个词的含义通常会受语境的影响，因此应结合具体的语境来确定词义。在英语词汇教学中，教师应通过恰当的手段使学生了解语义与语境之间的关系，让学生意识到不能一味地死记硬背词汇的基本含义或词典含义。

2. 词汇用法

词汇用法是各类词的不同用法，如短语、固定搭配、语域等。词汇教学的根本目的是使学生学以致用，因此词汇教学应教授学生词汇使用方面的知识。例如，cool 词的基本含义为“凉爽的”，但在“That tall boy is really cool.”中的意思是“酷”或“很吸引人的”。

在英语中，很多固定搭配都是约定俗成的，一般不可随意更改其中的单词，或调换单词之间的顺序，否则意义会发生改变。例如，out of question 表示“没问题”，out of the question 表示“不可能”。

在语域层面，英语词汇有正式与非正式、抽象与具体、褒义与贬义之分。例如，offspring，kids，children 三个词都有“孩子”之意，但它们适用的场合有所不同，offspring 用于正式场合，kids 用于非正式场合，children 为中性词。

3. 词汇信息

词汇信息主要包括词性、词的前缀与后缀、词的拼写、词的发音等。这些词汇信息是学生应掌握的基本内容，因此是英语词汇教学的重要组成内容。

4. 词汇语法

英语词汇教学的内容还应包括词汇语法方面的知识。例如，形容词有比较级与最高级形式。形容词音节数量不同，比较级与最高级的变化形式也不同。动词的语法涉及动词是否及物，及物动词的扩展模式，后面应接什么样的宾语，不定式还是动名词，是否可以接从句等。

（四）词汇教学的原则

英语词汇教学的开展需要遵循以下原则。

1. 目标分类原则

目标分类原则是指词汇教学应根据学习者的需求确定词汇学习目标。

根据英语词汇学习目标，词汇可以分为运用词汇、识别词汇和过目词汇三类。

运用词汇是学生使用频率较高的词汇，但不一定适用于交际。不同专业、行业的人员使用的高频词汇并不相同。识别词汇是指学生在阅读理解中能够理解其词义的词汇。对于这类词汇，学生不一定非得掌握其用法、属性等，只要了解其语义，能够辅助理解材料即可。

过目词汇是由于语境要求不得不呈现的词汇。对于这类词汇，学生只须在学习时看一眼就足够了。

可见，英语词汇的学习并非是要将全部单词一网打尽，而是要结合自己的学习目标，有选择性地进行词汇积累，在掌握所需词汇的同时节省学习时间。目标分类原则对于注重实效与专业的英语教学来说尤为重要。

2. 兴趣原则

培养学生对词汇的学习兴趣十分重要，学生对词汇感兴趣并愿意积极主动地去学习，才能收到事半功倍的效果。反之，如果学生对词汇学习失去兴趣，则会没有学习的动力，学习效果也会不佳。因此，在高职英语词汇教学中，教师应有意识地培养学生的学习兴趣，通过多样化的教学活动来激发学生的兴趣，进而调动学生的积极性，促进学生的英语词汇学习。

3. 音形义结合原则

一个单词包含音、形、义三个方面。这三个方面不是孤立的，而是相互联系、相互影响的。音、形、义相结合原则要求教师和学生重视英语词汇的系统性、联系性，使学生对词的发音、外部形式和词的意义有更深刻的了解和认识，从而加深对词汇的理解和掌握。词汇教学必须体现以下三个方面。

（1）形音联系：分析词形，提示词汇特征，并根据读音规则、字母组合所发的音使词形与词音联系起来，并加以归类。

（2）形义联系：重视词根、词缀及合成词等构词法相关知识。

（3）聚合关系：利用词与词之间同义、反义、上下义等语义关系和词语搭配习惯等分析并掌握词语规律。

4. 情景结合原则

词语是句子的组成部分，是为实现语句交流而存在的。而传统的英语词汇教学流程是：示范词语发音—解释词语构成、语法范畴—列举词语各种意义和用法—造句练习。这种教学方法始终局限于词汇本身，既不利于学生理解和掌握所学单词，又容易使学生感到枯燥无味。词汇教学只有结合语句情景才能使学生发现词语的语音特征，深刻理解词的含义，发现词的变化规律，掌握词的用法。

5. 循序渐进原则

循序渐进原则是指英语词汇教学应该在数量和质量平衡的基础上对所教内容逐层加深。换句话说，就是既要做到质量并重，也要做到内容逐层加深。

（1）质量并重是指词汇教学既不能盲目追求数量，忽视词汇掌握的熟练程度，也不能片面强调熟练，忽略词汇数量的积累。词汇教学中的质量和数量是相互结合、不可分割的。

（2）逐层加深是指，无论是到目前为止所学的全部词汇，还是某个具体词，学生都不可能一下掌握其全部知识点，而是需要一个由浅入深的过程。

因此，词汇学习过程中切忌急于求成。每一个词的音、形、义的掌握都需要逐步提高，自然地推进和加深。循序渐进原则反映了词汇学习的客观规律性，符合学生的学习心理，并使学生容易适应词汇教学的要求，达到教和学的协调一致。

6. 文化性原则

语言是文化的载体，也是文化的反映。作为语言重要的组成部分，词汇无论是在结构上还是在词义、搭配上都与其所在的语言文化相连。在不同的语言中，即使是概念意义相同的词语，其使用和意义也都存在很大差异。例如，汉语中的“知识分子”和英语中的 intellectual 意思基本一致，但在中国可以包括中学教师，甚至是中学生。然而在欧美国家，知识分子只包括高职教授等有较高学术地位的人。可见，不同文化对词汇具有很大的影响。所以，英语词汇教学不能只停留在词语的表面意义上，还应引导学生深入探讨词语在文化的作用下产生的引申意义。

了解语言文化有助于理解词义，并掌握其演变的规律，更全面地掌握词汇的意义。例如，news 事实上是由 north，east，west 和 south 每个词的首字母构成的。了解了这一点，学生就不难理解其含义为什么是“新闻”了：news 是来自四面八方的消息。

二、词汇教学理论的重塑

（一）基于信息技术的高职英语词汇教学的优势

基于信息技术的英语词汇教学，可以用来设计全新的词汇教学过程、个性化的训练方式，将词汇教学中的新意展现出来。基于信息技术的词汇教学的优势主要有以下几点。

1. 有利于增强词汇掌握的时效性

基于信息技术的词汇教学在创设语言环境、提升学生词汇能力层面有着很大的优势。运用信息技术生动鲜活、声像并茂、视听结合、动静皆宜的形式，来展现词汇教学的内容，扩大了学生的视野，提升了学生的词汇学习能力和词汇素质。这样，英语词汇教学突破了时空界限，使学生获取信息的速度更快、地域更广了。因此，基于信息技术的英语词汇教学增强了学生掌握词汇的时效性，教学时间也相对缩短。

2. 有利于提高词汇记忆的效率

从记忆的角度来说，人们对于动画的记忆是最强的，其次是图片，最弱的是文字。如果扩展到人类的器官上来说，听觉与视觉并用明显要强于单凭视觉的记忆，更强于单凭听觉的记忆。因此，词汇学习需要将所学新词汇在不同的语境中呈现出来，词汇在反复多变、频率转换的不同语境中呈现，可以让学生对词汇进行再认知。

在信息化时代背景下，词汇可以在多种形式的语境中呈现，这种记忆效率明显比传统的机械记忆快很多。这是与认知主义学习理论相符合的，既将传统的机械记忆学习转向有意义的学习，也有利于学生对词汇意义的建构。

3. 有利于扩展词汇认知的层面

在传统的英语词汇教学中，教师和学生接触的学习信息和材料大多都是封闭的、固定的，只局限于教材或大纲指定的范围，对信息只是被动地接受。信息技术的引入，可以使传统的词汇教学认知层面发生改变，学生通过网上可以获取各种不同的词汇信息，扩大自己的词汇量。

此外，信息技术在很大程度上使高职生对英语文化背景知识进行了广泛的了解，可以加深学生对词汇的储存和理解，使词汇习得在无意识和有趣的氛围中进行。有些词汇置于特定的环境中时，其词义也会随之改变，因此不仅需要了解其内涵意义，还需要了解其外延意义，只有这样才能准确了解词汇。而在信息化时代背景下，学生接触的词汇广泛而鲜活，可以帮助他们更好地理解与把握词汇的内涵意义和外延意义。

（二）基于信息技术的高职英语词汇教学的方法

英语词汇教学的目标是以尽可能完备的形式，使词汇信息知识进入学生的长时记忆中，且能随时进行提取，达到熟练的程度。基于信息技术的词汇教学能为学生提供更便利的词汇学习条件，也便于学生进行实践训练。在具体实施过程中，基于信息技术的英语词汇教学可以采取以下方法。

1. 加强词汇知识多渠道的注入

与英语学习相关的因素有教师、学生、教材、教学设备等，其中学生是最为关键的因素。在信息化时代背景下的词汇教学中，教师应让学生输入足量的语言信息，使学生能使用这些语言信息进行自然的交流。换言之，就是要求教师给学生提供更多真实的语言环境。根据“语义场”的理论，学生可以通过扩大语义网来扩充词汇量。同时，网上也有很多的网站可供学生学习和练习词汇，也有对词汇进行测试和阅读理解的内容，这都是扩充学生词汇量的渠道。

此外，很多学习资料也富含音频资料，学生可以根据需要进行下载听取，对自己的词汇知识进行巩固。在线字典可以帮助学生解决遇到的生词，网络搜索引擎可以扩充学生的词汇输入和词汇学习渠道，解决词汇学习中遇到的语言障碍和文化障碍。

在知识输入的过程中，教师应注意学生对词汇知识的掌握程度，观察学生是否能将所学的词汇与具体事物和概念联系起来，是否掌握了词的上下义关系、语体风格、感情色彩等。当然，这些在信息化时代背景下是比较容易实现的。例如，在学习同义词时，教师可以将相关词语的不同点和不同用法运用公式和图表的形式呈现给学生，并通过文本和声音将大量例句传达给学生等。只有这样，学生才能在短时间获取有效信息，扩大自身的词汇量。

2. 注重学习过程，培养个性化和自主学习能力

除了要给学生提供充足的网络学习资源和网络教材外，教师还可将词汇知识、词汇学习要求、词汇测评等制作成网络课件（HTML 文件）或者 PPT 文件，并将这些课件置于 Web 服务器上，不同水平的学生根据自己的情况选择适合自己的学习策略和进度，通过浏览这些网页来完成词汇的学习。

当学生完成某一阶段学习后，就可以进入下一个阶段，但是无论处于哪一阶段，都需要自我监控。在学习的过程中，网络多媒体起着鼓励和刺激的作用，其提供的网络空间和丰富资源也扩大了学生词汇学习的机会，激发学生的学习兴趣。

3. 加强日常监督和多向互动

信息化时代背景下的互动主要体现在师生之间、生生之间、学生与网络之间、学生与教学内容之间。通过 E mail、BBS 等形式，教师能与学生保持沟通，便于学生解决学习中的问题，也便于教师及时得到反馈，对教学材料和教学内容进行调控。例如，E-mail 以跨时空、灵活的特点为学生提供了一个强化交流和运用的渠道和机会。

第二节　英语语法教学的解构与重塑

一、语法教学理论的解构

（一）语法与语法能力

1. 语法

在学生学习外语之初就接触语法，但什么是语法呢？对于这一问题，不同的学者给出了不同的解释。从传统的语法观出发对语法进行了界定：“语法是解释词组合成句子的方式的语言描述。”

有学者认为，“语法是一套结构，其中语法形式上的不同可以通过意义上的不同或根据其所在的上下文来解释。当使用者掌握了一套语法结构系统时，在其分析框架里意义、形式和用法就被看作不可分割的三个方面。”

还有学者指出，语法主要包含三个方面，分别是语形、语义和语用，而且这三个方面相互依存，如果一方发生改变，将会影响另一方随之发生变化。

我国学者也对语法的定义进行了描述：

（1）如果语言教育的目的包括教会学生正确地、有意识地和得当地使用英语，我们就应该把语法看作一个理性的动态系统，而不是任意规例的静态系统。”

（2）语法有广义和狭义之分。就广义而言，语法是指对语言的整个体系和规则进行研究的语言理论，包含语音、语义等不同层面。就狭义而言，语法指独立于语音和语义对语言结构层面进行研究的语言学分支，包含词法和句法两个方面。

（3）语法涉及的范围十分广泛，不仅包括语言规则和语用规则的元语言知识，也包括构成语言项目的关于规则方面的知识和词性规则、句法规则方面的知识。

综合上述定义，语法是语言的组织规律，是人们据以组词成句、赋予语言意义并使用语言进行交际的一套规则。可见，语法是语言交际的规则，对交际起着重要的作用。

2. 语法能力

国外学者在“语言能力”概念的基础上，提出了“语法能力”这一概念，认为语法能力是影响交际能力的重要因素。此后，很多学者都开始着手对语法能力进行探究。

1983 年，国外专家将这一框架扩展为四个维度，即语法能力、社会语言能力、语篇能力和策略能力。其中，语法能力是指对规则、特点等语言符号的掌握，是指与语音、语法、词汇等有关的知识，主要涉及准确理解、表达言语字面意思所需的知识和技能。

语法能力主要涉及语言的形式和结构特征，具体由词汇、句法、形态学、音系学等方面的能力所构成。以上学者对语法能力做了不同的解释，但都局限于形式和结构方面的知识，并没有涉及知识的运用。

语言教学的目的是培养学习者具备准确、得体使用语言形式的能力。因此，重新构建了“语法能力”的框架。“语法能力”框架具体包含三个维度，即语言的形式、语言的意义和语言使用的条件。饼形图的设计体现了“语言能力”三个维度之间相互依存、相互影响的关系。“语言能力”既包含语言知识，同时涉及语言知识的运用能力，将知识与运用很好地结合了起来。

我国学者认为语法能力是领会语法知识与运用语法知识的总和。其中，领会语法知识主要涉及对语法知识的辨认，而运用语法知识则主要侧重构句层面上语法规则的具体运用。

不同的学者对语法能力有不同的看法，但是对语法的认识是一致的。语言能力包含语言知识和语言运用两个方面，也就是既具有对语言自主规律性知识的掌握，又有能够操作语言进行输出，实现交际的能力。

就高职英语语法教学而言，语法知识以及准确、恰当、得体使用语法的能力是学生语法能力的集中体现，所以高职生英语综合能力的提高离不开语法，高职生以及高职英语教师应重视语法的作用。

（二）语法教学的现状

英语语法教学现状主要表现为以下几个方面。

1. 教学系统性差

对于学生而言，语法并不陌生，而且他们也能说出几个语法名词，如名词、动名词、一般过去时、虚拟语气等。但是，大多数学生的语法概念并不清晰，如果细问起来，英语语法中有几种时态、几种语态、多少词类，就很少有学生可以回答正确。可见，学生对语法的认识并没有形成一个系统、完整的语法框架，而仅仅是一些零碎的概念。而这也就很难提高学生语法学习的有效性。

2. 教学方式较为单一

英语语法繁杂，学习起来也较为枯燥，因而大部分学生对语法学习都很难提高兴趣。对此，教师本应在教学中采用创新性的教学方式，使枯燥的语法学习变得生动有趣。但实际情况是，大部分教师在英语课堂教学中依然采用传统的教学方式，即先讲解语法概念和规则，然后做相应的练习。在这种教学模式中，教师占据着中心位置，学生处于被动接受的状态，这样的教学不仅无法有效调动学生的积极性，更不能培养学生的语法能力。

3. 忽视语言情景

语法学习仅仅是一种手段，其最终目的是将其应用于实际的生活中解决语言的交际问题。语法教学是为交际目的服务的，它只是帮助人们进行顺利交流的一个手段。

然而，我国英语教学的一个显著问题就是教师在教学中将具体的语法知识条目的意义和理解及功能运用与语境割裂开来，使学生难以准确理解某个语法知识点适用于哪种语言情景，学生无法体会到特定的语法知识点在语言情景中使用时所要表达的意图。

4. 学生学习受母语干扰

我国大部分学生是在学习了很长时间的汉语语法后才开始学习英语语法的，然而汉语语法和英语语法是两个不同的语法系统，因此汉语语法必定会对英语语法的学习造成一定程度的干扰。

英语句子通常比较长，汉语句子通常较短；英语句子重视结构的完整，汉语句子重视语义的完整。也就是说，英语句子重视法则，而汉语句子重视意图表达。所以，只要英语句子在结构上是正确的，一个长句子可以同时表达许多意思；而汉语正好相反，字词承担表达语义的功能，不同的句子往往是在表达不同的意思。英语教师在教授英语语法时，要意识到汉语语法和英语语法的差别，在二者的对比中教学，逐渐消除汉语语法对英语语法教学的干扰。

（三）语法教学的内容

语法教学的内容主要包括词法、句法和章法。

1. 词法

词法可分为构词法和词类。构词法讨论不同的词缀、词的转化、派生、合成等内容，词类可以进一步分为静态词和动态词。当然，静态词并不是绝对不变的。例如，形容词有比较级和最高级的变化，名词就有格、数、性等的变化。动态词主要包括动词以及直接与动词相关的语态、时态、分词、动名词、不定式、情态动词、助动词、虚拟语气、不定式等。

2. 句法

英语语法中的句法教学主要有三类：句子成分教学、句子分类教学以及标点符号教学。

句子成分主要包括主语、谓语、宾语、定语、状语、表语、同位语、独立成分等;句子的分类，可以按句子的目的分为陈述句、疑问句、祈使句、感叹句，也可以按句子的结构分为简单句、复合句和并列句。与句子有关的内容还包括主句、从句、省略句等。标点符号也是句法学习的内容之一，此外还有词组的分类、功能、不规则动词等。

由于英语语法知识的零散性，教师在教学时要注重体系化和系统化。

3. 章法

学生学习了一段时间的词法和句法后，对基本的语法知识有所掌握后，就要进行章法的学习。章法的教学内容主要涉及句子之间的逻辑关系、篇章的结构逻辑等。表示比较对照的词语，如 by contrast，by comparison，unlike；表示程序的词语，如 first，second，then，finally 等都属于章法的范畴。

英语语法的内容繁杂，学生往往会顾此失彼。据此，胡春洞认为语法教学应有一个核心。整个语法教学的核心是整个语法知识和技巧发展的基点。

（四）语法教学的原则

英语语法教学需要在以下原则指导下展开教学。

1. 系统性原则

高职生已学习多年语法知识，但依然对一些相近的概念掌握不清，学习缺乏系统性。语法是关于语言知识的系统描写，如果学生所掌握的语法知识不够系统，则不利于他们语法知识的理解和记忆，也不利于他们对语言的灵活运用。因此，在高职英语语法教学中，教师应遵循系统性原则，引导学生及时总结和归纳语法知识，使之成为系统，使学生了解语法间的关系，触类旁通，在头脑中形成完整的语法体系和图式。

教师要突出阶段性和系统性，一段时间的教学后，教师就应全面系统地归纳语法知识，建立结构完整的语言体系。教师还应注意新旧知识之间、新输入与原有经验之间的关系。教师应适时地归纳已学知识，让学生的新旧知识之间建立起联系，以已有知识作为新知识的“生长点”，引导学生建构新的知识，不断丰富学生的语法知识，培养学生的语法能力。

2. 对比性原则

英语语法和汉语语法存在很大差异，如汉语重语义，英语重结构；汉语多短句，英语多长句。

我国学生在学习英语语法过程中不可避免地会受到汉语的影响，因此英语语法教学必须对此给予重视，遵循对比性原则，让学生对汉语和英语之间的差异保持一定的敏感度，以加强汉语对英语语法学习的正迁移作用，加快学生英语学习的进程，提高学习效率。

3. 以学生为中心原则

随着高职英语教学的不断改革，学习观也发生了改变，学习不再被看成单纯地接收信息的过程，而是学生一起参与的过程。培养学生的英语综合应用能力是英语教学改革的主要目的，因此高职英语语法教学应从“提供知识”向“展开活动”转变，鼓励学生积极参与，让学生在参与、实践和体验中共同建构语法知识，提高语言能力。教师要以学生为中心，充分发挥学生的积极性，鼓励学生参加语言活动，努力将语法规律的发现、学习和掌握让学生自己去进行探索，以激发学生学习的乐趣，开发学生的智力，提高学生的自信心，培养学生的自主学习能力。

4. 交际原则

语言是为交际服务的，真正的语言能力是在交际活动中培养出来的，因此语法知识的学习、语法能力的提高最终都是为了交际。

在语法教学中，了解语法概念固然重要，但是只读语法书并不能真正了解语法概念，还必须不断地实践才能清楚语法概念，所以学习语法并不能机械死板地背语法的条条框框，还应在实践中不断运用所学的语法知识。

在高职英语语法教学中，教师应变传统的语法知识体系为语法应用体系，不能只教授学生语法知识，应将语法学习与语法应用结合起来，培养学生的语言运用和交际能力。

5. 语言输入原则

语言输入假设认为，可理解的语言输入对习得十分有利。在语法教学过程中，教师的课堂话语是学生获得语言输入的重要途径之一。教师在课堂上无论是口头进行语法操练，还是布置语法任务，或者是呈现某些语法结构的情景运用，都要尽可能多地运用英语教学。

此外，在课外，学生可以在教师的指导下进行大量的阅读，收听、收看英语节目。通过大量接触这些鲜活的语言材料，学生逐渐感知其中隐含的语法规则，逐渐培养英语语感。

二、语法教学理论的重塑

（一）基于信息技术的高职英语语法教学的优势

与传统的英语语法教学相比，信息化时代背景下的英语语法教学的优势主要体现为以下几点。

（1）信息化时代背景下的高职英语语法教学不再局限于课堂上，为学生提供了更多互动的机会，使远程讨论、远程交流成为可能。

（2）信息技术应用于语法教学打破了传统依赖教科书或板书的局限，使枯燥的语法教学变得更为具体、直观，形象动感的语法展现方式更能引起学生的兴趣和积极性。

（3）信息技术背景为语法教学提供了真实的情境，通过情景对话、视频等手段来教授可以大大提高学生的语法学习效果。

（4）信息技术的运用使语法教学形式更加多样化，包含课堂与课外的教学组织；语法教学活动的设计也实现了多样化，有助于将听、说、读、写多重能力调动起来；语法教学资源也实现了多样化，尤其是涵盖了海量地道的语言学习资源。

（二）基于信息技术的高职英语语法教学的方法

利用网络多媒体等先进的教育技术有利于在语法教学中创造轻松、愉快的气氛，降低学生的学习焦虑，并有效调动他们的学习积极性，使他们积极思考，提高思辨能力与学习效果。具体来说，网络多媒体辅助英语教学可从以下几个方面入手。

1. 通过课件呈现语法知识点

教师可充分利用网络多媒体课件，将语法知识点、语法句型等呈现给学生，通过生动、形象的输入来帮助学生进行理解与记忆。例如，教师在讲授 listen，watch 等词的一般过去时、正在进行时时，就可以将 -ed 与 -ing 形式运用下画线、不同颜色标注出来，或者可以设置为有声导入，这可以集中学生的注意力，还能引导学生对规律进行总结，达到举一反三的目的。但是，对于 see，think 这些特殊动词，可以使用图标的形式展现出来，让学生进行记忆。

2. 结合听、说、读、写、译等练习语法知识点

语法教学不是独立的，而应该与听、说、读、写、译结合起来。教师可根据所教授的语法知识、语法教程给学生安排其他技能的练习，帮助学生对语法知识进行巩固，内化为自己的可理解性输入。例如，教师可以为学生提供一小段不完整的听力材料，然后再播放完整的听力内容，要求学生听完后将不完整的部分补充完整，进而要求学生进行跟读模仿，最后进行相关话题讨论。

3. 提供真实情境运用语法知识点

语法的学习不仅要掌握语言形式和语言意义，还需要学会使用。在信息化时代环境下，语法学习具备更逼真的环境，有助于帮助学生将掌握的语法知识进行内化，进而创造性地输出。利用网络还可以播放相关片段、图片、对话等，这些都有助于学生对语法知识的运用。例如，教师可以将学生日常生活和学习中正在做的事情拍摄成照片，然后放映出来，学生根据图片理解“正在进行时”这一语法知识点，因为这些都是学生的亲身经历，易于理解和运用。

4. 利用课后拓展模式

很多语法知识仅仅依靠课堂上的短暂教学是很难掌握的，因此教师还应采用课后拓展模式。

（1）通过 E-mail 形式进行辅导和交流。这不但可以打破时空的限制，还可以缓解课堂的紧张气氛，让学生更为轻松，也可以将课堂内容延伸到课堂外。

（2）创建讨论组以实现资源共享。在讨论组中，教师将预先设计好的指导性问题和相关内容上传，学生可以提前进行预习，如果有问题可以提出来，大家也可以参与讨论。

第三节 英语句型教学的解构与重塑

一、句型教学理论的解构

（一）句型的定义与特点

句型是句法结构的模式，是依据句子的结构意义和结构特点从众多句子中抽选出来的典型样式。

许多句子都是在某一句型基础上，通过替换某些成分变化而形成的，同时它含有一定语法规则与语言现象。因此，句型具有很强的代表性与概括性。此外，句型根据其结构特征可以分为不同类别，这些类别又可进行细分，从而构成一个网状的句型系统。所以，句型还具有很强的系统性。

（二）句型教学的现状

1. 缺乏文化学习

语言与文化关系密切。语言是文化的一个重要组成部分，学习一门语言必须融入其文化。

外语学习的最终目的是实现语言的沟通与交流，而实际交流则离不开语境，文化作为形成语境的重要因素，在交流过程中的考虑必不可少，所以除了学习英语语言知识之外，还应学习文化。

然而，目前很多高职教师在课堂中只注重传授语言知识，强调句型操练的量。而在学生方面，当被问及所希望的课堂内容时，只有极少数学生有文化知识的概念。由此可见，教师通常会忽视对文化知识的讲解，而学生也没有意识到文化学习对于语言学习的重要性，句型教学主要围绕知识点讲解和操练进行。

2. 孤立地接受语言规则

不仅教师要进行系统的语言教学，学生也要培养系统学习语言的意识。但是，在我国高职英语教学中，往往会忽视这样一点：句型特点的学习被单独置于语法体系中。

这样的教学，在教材中呈现的语言点是孤立的、零碎的，储存在脑海中的句型结构也是孤立存在的，采用这样的学习方法，在学生的头脑中句型语法和真实的语境之间没有形成相互联系的整体，是难以掌握目的语的语言系统。可见，目前句型教学思路上依然以结构为主，并不能够与情景教学紧密联系，使学生不能做到学以致用。

3. 句型掌握过分依赖汉语解释，不能灵活应用

目前所使用的高职英语教材，不少单词、短语甚至句型都是用母语来解释的。为了加深理解，英语教师往往用母语的思维方式给学生讲解教学内容。不可否认，

这些方法对于初学者，尤其是针对目的语储备有限又亟须通过某种考试获得进一步学习机会的学习者，是重要的学习步骤，有利于避免理解的偏差，能够使学生在短期内快速理解和掌握语言点，从而顺利通过考试。

需要指出的是，无论是教材给出的母语解释或是教师用母语讲解的语言点，出于应试考虑，很多仅仅是对语言进行基本概括与描述，从而使学生对基本或特定的知识点的学习，没有涵盖所有知识与用法。长此以往，学生在学习过程中容易形成思维定式。

通过设法记住书本解释和课堂笔记以期学好英语的习惯，使学生在学习英语的过程中，过多地依赖母语解释，在语言的交流过程中，母语思维体现得非常明显，影响英语的正确使用。

4. 句型练习主要采取封闭式形式，互动性内容较少

在外语教学中，知识的强化和扩展性输出两方面的操练都十分必要，它们发挥着不同的作用。

然而，目前英语教学往往忽视了扩展性输出。所谓的练习通常都是封闭式的设计，形式上主要是填空、句型模仿造句、翻译等，重点关注语言结构本身。这可以给予学生更深更广的信息输入，使学生有更多机会对语言结构予以关注，达到知识巩固的目的。

然而，掌握一门外语远非语法学习所能及。诚然，很多学生在经过一定程度的反复练习后，可以掌握所学的句型结构和语法知识，“真正的担心其实是怎样将学会的句型结构转化成自然语言的运用”（Stern H.H.，1999）。学生仅仅掌握句型结构，是无法做到凭直觉对日常生活的语言情境做出正确语言反应的。所以，要避免错误地将练习环节当作另一轮的句型教学来处理，特别是当学生的英语已经达到中等及以上水平且能从更深层面理解和诠释这一门语言时，更是如此。

此外，学生通过这样的练习，会完全将注意力放在规则上，他们只是需要不断地复制句型结构，并不需要其他观察能力，这往往不能充分地训练学生在语言观察能力和信息重组等方面的能力。

封闭式的强化练习设计只能使学生熟悉教材当中固定的句型搭配，不能培养学生创造性语言产出的能力，这不利于培养学生使用英语进行交流的能力。

（三）句型教学的意义

句型是语言结构的模式。句型操练主要是根据听说法将语言学习视为一种习惯而形成的，其本质是使学生根据模式，创造出自己的句子。英语句型练习可以为学生提供丰富的感性材料，使学生了解典型的句子结构，从而在恰当的交际情景中运用句型来表达思想，同时对学生掌握英语语法规则也十分有利。句型教学的意义有以下几点体现。

（1）句型体系简单明了，容易掌握。

（2）句型涵盖基本语法点，容易理解和记忆。

（3）句型便于引入新理论、新方法，具有很高的灵活性，对学生模仿造句成功率的提高有很大帮助。

（4）句型可以量化、等级化，便于明确教学目标。

（四）句型教学的原则

在母语习得的过程中，习得者是在自然的语言环境中不知不觉地表达各种情景的言语格式。但是，在外语学习中，学生缺乏这一自然的语言环境，学生只能先从一些常用句型学起，逐渐掌握基本句型，在此基础上发展自己使用外语的能力。

具体而言，句型教学需要遵循以下原则。

（1）视听说领先原则。学生先观察实物、图片等，口头操练与练习巩固相继进行。

（2）情景性原则。口语活动是在具体的交际情景中进行的，因此句型教学也要坚持情景性原则，结合具体的交际情景开展。

（3）将机械性操练、有意义操练和交际性操练结合起来。

（4）精讲多练，注意对语法规则进行归纳。在句型教学中，教师尽量做到减少“教”的时间，让学生尽量多“练”。要培养语言能力，必须依靠大量实践。此外，教师还应注意总结语法规则，从而起到画龙点睛的效果。

（5）操练形式应多样化。操练的多样化既为学生增加了练习的机会，又能有效地激发学生的积极性。

（6）句型结构与交际功能结合原则。在句型教学中，教师不能孤立地讲授句子的结构形式，而应将句型结构和交际联系起来，使学生在具体的语境中学习句型，只有这样才能在实际的交际中正确恰当地加以运用。

二、句型教学理论的重塑

在信息化时代背景下，基于信息技术的英语句型教学中，教师可以采取以下方法。

（一）重视语言文化输入

在跨文化交际过程中，很多英语学习者虽然掌握了词汇与语法，能准确地说出语法正确的句子，但是交流时依然会遇到误会。

因此，影响跨文化交际的因素不仅仅是词汇与语法，有时也可能是固有文化思维模式和文化传统。在英语句型教学中，教师应当摒弃重语言讲解而轻文化探究的做法。除了在教材中要系统增加文化层面的内容，教师也要通过多途径，尤其充分利用丰富的互联网资源，有意识地激发学生对语言文化的学习兴趣。

（二）在特定语境中教授英语

学习或操练语言不能只是生搬硬套固定的结构，而应为这些结构创设有现实生活意义的情景，学会应用句型，这是学习的最终目的。在英语课程中，每个单元都围绕一个主题进行编排，教师可以对整个单元中出现的句型进行归类，在大主题的基础上设计小主题，每个小主题围绕一个生活情境把需要掌握的句型串联起来，使学生围绕主题学习句型结构，同时对在什么场合与什么情况下使用这些句型有更深的认识与体会。

（三）深入、全面地讲解语言规则

在英语课堂上，过分依赖汉语讲解容易导致“过度泛化”或“词义缩小”。所以，英语教师不能一味地追求应试，而应将一些词义、适用场合较多的词汇和短语或是搭配讲全讲透，通过多情境、多角度来解释、举例说明这些内容的用法，拓宽学生的知识面，引导学生在学习中活学活用，逐渐积累文化差异的知识，避免单纯一对一地硬套中英文结构。

（四）任务设计要围绕真实情境且多元化

为巩固句型掌握而专门设计的操练习题大多以选择、填空或模仿造句等形式出现，习题答案一般是固定的。这类封闭式习题枯燥乏味，不利于激发学生的创造性思维。因此，教师在任务设计环节，应注重增加开放式问题，增加以解决交际问题为目的的交际任务，使学生有机会将学到的语言规则运用到真实生活中。这类任务可以是角色扮演，也可以是情景剧表演，甚至是让学生课外拍摄微电影。学生在特定的任务中，主动地运用所学句型，可以起到活学活用的效果。此外，参与课堂交际任务的过程还有利于培养学生与人合作交流的能力，从而活跃丰富课堂，提高教学质量。

（五）引导学生进行课外阅读

阅读是最重要的语言“输入”途径。英语教师应鼓励和引导学生在课下阅读英语作品，尤其是阅读英美文学经典作品。在确保阅读量的同时，兼顾趣味性和关联性。经典文学作品一般语言优美，情节精彩，且蕴含丰富的有关社会、历史、文化、风俗等方面的知识。例如，英美文学中的《简·爱》《呼啸山庄》《了不起的盖茨比》等经典名著，可以课外学习任务的形式布置给学生进行阅读。学生通过阅读经典文学作品，学习英美文学大师们的遣词造句方法，逐渐培养英语句型意识，掌握英语语言的规律。

第六章　英语基本技能教学的解构与重塑

第一节　英语听力教学的解构与重塑

一、听力教学理论的解构

听是语言输入的一项重要途径。先听后说，先理解后表达是人们进行语言习得的一项重要法则和规律。通过大量的听力练习，学习者可以获取大量的语言输入，不断地进行内化和吸收，从而提高自身的语言交流能力。

（一）听力与听力能力

1. 听力

所谓听力，是有声语言在人的大脑中转变为意义并接收信息的过程。相关专家对听力的概念提出了自己的看法，如罗宾（Rubin，1995）认为，“听力是一个主动的过程，听者从听到和看到的信号中选择并解释信息，以确定正在发生什么事，说话者想要表达什么意图”。还有学者认为，“听力是人在头脑中对口头语言输入构建意义的活动”。

可见，学者们对听力的界定都有“主动”和“构建”的字眼，也就是说听话人不只是简单地将自己听到的内容进行解码，他们需要将耳朵接收到的信息同时与大脑中已有的知识相联系，然后进行理解和推测，最终得出说话者真正的意图所在。

2. 听力能力

有学者提出了著名的交际听力能力模式。根据这一模式可以得知，听力能力可进一步细分为语言能力和决策能力。

（1）语言能力。语言能力指的是听话人的语言知识，如语法、语篇、语用和社会语言学知识。语法知识主要是在语义层面上对较短话语的理解，包括语音语调、口语词汇、口语句法等知识点；语篇知识主要涉及对较长话语或两个以上交谈者互动话语的理解，如语篇衔接、修辞等知识点；语用知识主要是针对语篇功能方面的理解，或者是对相关语篇所要表达意思的深度把握；社会语言学知识主要是针对特定社会文化语境中语言内容的理解，如交谈者使用的语言是否得体等。

（2）决策能力。决策能力是一种执行能力，是指人们在听的过程中如何运用语言知识的能力。在听力理解的过程中人们需要利用各种策略来达到听懂的目的，而与此过程密切相关的策略有认知策略和元认知策略。认知策略包括对听到的材料进行理解、将所理解的信息储存在长短期记忆系统中、从记忆中索取被储存的材料信息。元认知策略包括四个方面的内容，即在对话开始之前，对听者自身的知识、供其使用的内外部资源以及对所听材料的限制情况进行检测；在对话过程中，对本人及对方的听力效果进行检测；在对话结束后，同样对本人及对方的听力效果进行检测；对判断听者语言运用得好坏情况进行检测。

（二）听力教学的现状

1. 缺乏适度引导

在应试教学的影响下，英语听力教学也多是围绕考试这个指挥棒而转的。教师大多将教学重点放在如何应付考试上，以考试的方式训练学生的听力能力，而不对学生做任何引导就直接播放录音。这就很容易使对生词、相关的知识背景等尚不熟悉的学生在听的过程中遇到种种障碍，不仅降低了听的质量，而且使学生产生挫败感，因而对听力学习失去信心和兴趣。

与之相反的是，有的教师总是在播放录音之前对学生进行过多的引导，不仅介绍了生词、句型，还将材料的因果关系等一并介绍给学生。这样一来，学生即使不用仔细听，也可以选出正确答案，这就很难激起学生听的兴趣，听力教学也就失去了意义。

由此可见，如何对学生进行适度的引导是关系听力教学质量的一个重要问题，太多或太少都会影响教学效果，教师应根据实际情况进行把握。

2. 教学理念模糊

在教学中，不仅教学时间有限，教学理念也存在模糊现象。很多教师受应试教育理念影响，进行听力教学主要是为了应付考试，教师本身存在功利性。有些教师认为听力教学只是单一的技能训练，从而把听力技能与其他技能分割开来，这都不利于教学效果的提升，学生的听力水平也很难得到改善。

3. 心理负担过重

在听力教学中，很大一部分学生都存在焦虑度高、心理负担过重的现象。当教师播放听力材料时，有的学生甚至会大脑一片空白，影响正常听力的进行。还有的学生由于成绩不好，缺乏自信，甚至产生自卑心理。这些学生在听力课堂上总是感到紧张不安，焦急害怕，一方面他们担心被教师提问，自己回答不出来；另一方面又担心回答得不正确会被教师批评，被同学嘲笑。更为严重的是，这些学生惧怕考试，担心不及格会被教师训斥、家长责骂、同学嘲笑。这种长期的压抑状态，导致学生心理压力过大，学习情绪不佳，很难提高英语听力水平。

4. 听力基础薄弱

学生听力基础薄弱主要体现在以下几个方面。

（1）英语基础功底差。很多学生即使到了高职阶段，所掌握的词汇量、语法仍然十分有限，对语音的识别能力还很欠缺。这些都直接成了听力的重大障碍。

（2）缺乏英美文化知识。听力材料中不可避免地会包含一定的文化信息，而学生对英语国家的历史文化、自然地理、风土人情、思维方式、行为习惯等不了解就势必会影响听的效果，甚至会产生错误的理解。

（3）不良的听力习惯。我国的英语教学具有很强的应试性，这种环境不利于学生养成良好的听力习惯。另外，学生在课外也很少练习听力，因而导致他们的听力能力欠佳。

（三）听力教学的内容

高职英语听力教学的内容通常包括四个方面：听力知识、听力技能、听力理解和语感。

1. 听力知识

听力知识的掌握是听力能力提升的根基，对英语听力教学和听力学习来说都十分重要。一般来说，听力知识是由以下几个方面构成的。

（1）语音知识

听力理解首先需要输入听觉信息，因此了解语音知识对听力理解的进行起着根基性的作用。语音知识的教学也是听力教学的重中之重，直接影响学生后续听力水平的提高。

（2）听力策略

听力策略知识对于听力任务的完成十分重要。具备了一定的听力策略，学生就可以根据实际情况进行听力方式的选择，从而增加了听力活动进行的灵活度。

（3）文化知识

听力语言材料中通常包含了广泛、丰富的文化信息。英语听力中包含着两种甚至多种文化，如果学生不了解一定的文化常识，是无法顺利进行听力实践的。

（4）语用知识

在听力材料中通常也会涉及一些有关言谈交际的话题和材料。此外，交际中的会话含义是普遍存在的现象，对这些材料的理解通常需要借助于相应的语用知识来有效的把握。

2. 听力技能

听力技能属于较高层次的实际运用语言的能力，要想较好地改善学生的费时低效的听力学习现状并提高听力教学效果，需要重视听力技能的培养。具体来说，听力技能主要包括以下几个方面。

（1）交际信息辨别能力

在进行听力活动时，能够体现出其交际性。大体而言，听力材料都是由交际性语言组成的，因此学生掌握交际信息辨别能力十分有必要。

（2）词义猜测能力

在听力实践过程中，听者不可避免地会遇到一些陌生的词汇，此时如果听者一直思考生词词义，则有可能影响对后续听力信息的接收。具备词义猜测能力是一名合格的听者的必要条件，常用的词义猜测方式有根据上下文判断、借助整体语境、搜寻已有信息等。

（3）大意理解能力

这项听力技能的教学内容主要是要求学生能够及时抓住交际者的意图等。

（4）辨音能力

在听力理解的过程中，学生需要具备基本的辨音能力。例如，辨别音位、语调、重读音节等。

（5）预测能力

预测能力指的是根据一定的语境信息以及已有知识，来预测下文语言话题的发展与转向，这在听力实践中也十分重要。在听力教学中，对学生预测能力的锻炼有助于学生提升听力效率。

（6）评价能力

评价能力能够影响听力活动的进行，指的是听者对所听内容的评价与表达能力。

（7）选择注意力

选择注意力也是在听力教学中所应关注的教学内容。具体而言，选择注意力就是按照听力目标的不同，让学生将其注意力集中在不同的内容上。

（8）推理判断能力

交际是交际者在一定的交际目的下进行的，因此言语不仅能够表达出一定的话语信息，还体现着说话人的交际信息。听者需要根据一定的推理判断，去揣摩说话人的意图，从而保证交际的顺利进行。

（9）对细节的把控能力

语言材料中包含着很多细节，这些细节是进行听力理解的基础。听者只有具备对细节的把控能力才能以更加积极的心态去进行听力理解活动。

（10）记笔记的能力

众所周知，听力活动带有口语活动的特点，因此进行时间短、不可重复，在一些正式场合，听者具备快速记笔记的能力能够完善对知识的掌握，也有助于对整体信息的理解。

3. 听力理解

听力理解不仅包括语言的字面含义，还涉及语言背后的深层含义。在实际的听力教学中，教师不仅需要教授给学生具体的听力知识、技能和策略，还需要提高学生的听力理解能力。

（1）辨认

在听力理解中，辨认是其前提，也是听力活动发展的基础。语音辨认、信息辨认与意图辨认是辨认的主要内容。其中，语音辨认是最简单的，只要学生掌握了一定的英语知识即可，最困难的为意图辨认，不仅需要听者以语音、信息辨认为前提，还需要积极发挥自己的交际能力和文化能力。进行辨认能力训练，教师可以采用乱序训练法。即将一个完整的听力材料打乱顺序，要求学生进行重新排列，并指出每一部分所对应的辨认方面。

（2）转换

听力理解中的转换指的是将所听材料中的内容转换为图表的能力。这种转换不仅需要听者辨别听力材料中的短句与句型，同时还需要根据已知信息进行适当转换，是对听者能力的考验，也是听力理解的第二个层次。

（3）重组与再现

听力理解的第三个层次是重组与再现，这需要教师对学生的口、笔能力进行提高。

（4）社会含义

听力活动属于交际活动的范畴，因此在语言上有着礼貌、得体的特征。因此，在进行听力理解时需要听者仔细把握原文，对其社会含义进行准确理解。听力语言形式十分丰富，会涉及不同的话题，教师要训练学生根据不同语境进行描述的能力，同时在描述过程中还需要学生理解语言背后的深层内涵，从而促进听力活动的进行。

（5）评价与应用

对听力语言进行重组、评价、应用是听力理解的最后层次，也是难度最大的内容。听力理解带有目的性、交际性，需要听者明确交际意图，并进行语言回应与沟通。因此，在听力教学过程中，教师需要锻炼学生在不同的听力理解层次进行灵活的听力行为训练。此外，为了提高学生的评价与应用能力，教师可以在教学中增加听力讨论与交际的练习。

4. 语感

所谓语感，指的是对语言的感悟能力，这种感悟带有直接性，但是可以通过不断的练习来提高。在听力活动中，即使缺乏一定的语境条件和必要信息，良好的语感也能够帮助听者进行语言行为的预测与判断，从而促进听力活动的进行。

（四）听力教学的原则

1. 综合听与分析听相结合原则

综合性的听是指对听力材料进行整体性的理解，这一原则主要适用于解决听力材料中的主旨大意以及对整体思想的分析问题。因此，当综合听的时候，教师为了能够让学生保持听的积极性，可以先降低听力材料的难度，然后再逐步提升。

分析性的听主要包含两层含义：在听的过程中进行语言分析；把听的材料进行分解，让学生分步听。简单来说，就是分析性的听比较注重听的细节，小到一些词语、词组、句子、句组，大到一些段落、文章，听的时候可以添加表演、动作、填图或者下面要求的一些任务等。因此，学生在听的过程中要逐字逐句地分析，尤其是要记住文章中涉及的一些时间、地点、数字等。

综合性的听着重于深层含义，而分析性的听着重于细节。可见，综合性的听应以分析性的听为基础。在听力训练中，由于大多数听力题会涉及文章大意以及细节，因此需要将二者有机结合起来。

2. 分散训练与集中训练相结合原则

分散训练与集中训练相结合也是听力教学需要遵循的重要原则。所谓分散训练，是指将听力教学分散于语音、词汇、语法、句型等课文教学之中，让学生无意识地接受听力的训练。在教学中，教师应尽可能采用口头形式教授例句、段落、篇章。由于听的活动需要集中注意力，时间一长很容易给学生造成疲劳，因此分散型训练是一种十分有效的方法，而且它也会潜移默化地提高学生的听力水平。

从专门技能训练角度来说，仅仅依靠分散型训练是不够的，还需要集中型训练。所谓集中型训练，是指学生在分散型训练的基础上，每周花费 1 ～ 2 个小时来进行强化训练，帮助学生解决在听力中遇到的一些问题。集中型听力训练有助于给予教师充沛的精力，解决不同学生遇到的不同问题，进而进行针对性的指导和帮助。总之，坚持分散型训练与集中型训练相结合，才能真正让听力训练省时高效。

3. 听、说、读、写相结合原则

在高职英语教学中，听、说、读、写四项技能虽然各有其特性，但彼此之间是相辅相成的，因此应坚持听、说、读、写相结合的原则。

（1）听读结合

听读结合的训练有助于增强学生的语感，同时能够将材料中单词的音、形、义相结合，减少对整个材料判断的误差。读的材料一般会选择与课文相近或者难度相仿的材料，通过边听边读，可以矫正学生的读音、语调。另外，长期的听读训练，有助于加深学生对文本材料的理解，而且有助于提高他们的语言反应速度。

一般情况下，听力和阅读材料的词汇输入量比较大，词汇的重复率比较高，因此在遇到其他的听力和阅读时，可以很快将这些熟悉的词语从记忆库里调出，最终帮助理解其文意。

（2）听写结合

听写结合要求在有效的时间内将听到的内容记录下来，这是一个同步的过程。当听到一段材料时，人的头脑中会形成短时记忆，要想将这些短时记忆变成长久记忆，就需要写出来。当然，这需要对语言的敏感度以及高度集中的注意力。很多时候，学生能够听懂某段材料并不能保证将其写准确，只有将二者有机结合，才能真正提高其英语水平。

因此，教师在日常教学中，应该有意识地培养学生的听写能力，由于这种训练具有较高的难度要求，刚开始的时候可以先听一些简单的词汇或者句型，进而逐步拓展成段落与文章。

（3）听说结合

听、说是两个紧密联系的语言技能，听力训练的过程是为了熟悉口语的过程，口语训练的过程也是为了锻炼听力的过程，二者是相互促进的。在听力教学中，教师应该努力让学生从被动接受变成主动学习，让他们积极参与到听力教学实践中，因为只有听懂了，才能说得出，从而完成交际。在口语训练中，同样的一句话运用不同的重读、语调会传达出不同的意思，因此在听力训练中应该多加注意。对于这种情况，教师应该鼓励学生多运用课内、课外的机会用口语进行表达，从实践中揣摩出不同重读、语调的意义。

（4）视听结合

视听结合的手段是现代英语教学改革的重要手段。传统的听力教学一般都是教师教授理论，进而放磁带，学生答题，教师给出答案这一系列的步骤，但是这些已经远远不能满足目前学生的需求，在听力教学中，教师应该充分发挥多媒体的作用，在课堂上播放一些音频、视频的材料。课余时间，教师应该鼓励学生多接触一些英语电视节目、网上视频英语等，使视听相结合，从而促进其对材料的理解。

二、听力教学理论的重塑

（一）基于信息技术的高职英语听力教学的优势

相对传统的听力教学而言，信息技术应用于听力教学有着显著的优势。

1. 突破时空限制，改变传统听力教学模式

信息技术的共享性和丰富性对传统课程资源产生了冲击，课程资源的物化载体不仅仅是教材和书籍，还会涉及网络资源或音像制品等。这也就是说，在信息技术支持下，教学内容不仅限于课本的内容，学习活动也从被动的接受转变为研究性、探索性的学习。

网络计算机技术体现的是一种随时随地的学习方式，学生可以根据需要自主选择学习时间和地点、自主掌控学习内容和进度。课件的形成是以文本、图表为主，这从视觉上使学生更舒适，营造出真实的情境和氛围，改变传统的教师与学生的单向传导，转化为教师、媒体与学生的交互传导。在这一模式下，

教师不再是训导者，而变成了助学者和启发者。

2. 体现“以人为本”

素质教育要求高职教育应该面向全体学生，目的是提升学生的综合素质。在高职英语听力教学中，利用信息技术的多种功能能够将“以人为本”的理念体现出来。例如，在多媒体语音室中，教学内容并不仅仅依靠单一的教材，而是运用多种现代技术，学生可以根据自己的需要来选择内容，接听他们易懂的且比他们本身程度较高的语言输入，不断地消化、学习、内化成自身的语言能力，提升自己的听力水平。

3. 发展学生的自主性，培养学生的合作能力

听力理解课程的主要目的是培养学生的听力技能，帮助学生解决“听什么”的问题，但是信息技术的引入，可以帮助学生解决“怎么听”的问题。在信息技术环境下的听力教学中，分组教学功能和自主学习功能有助于提高学生的学习兴趣，教师也能够实现因材施教。在教师的指导下，学生自主选择适合自己的材料训练听力，或者分组进行合作学习，共同完成某一听力目标，共同获取信息和研究成果，从而培养学生的合作精神和团队精神。在合作过程中，学生就有了交流的同伴，当然气氛也就会更加活跃，这必然会提升自己学习的效果。

4. 凸显认知主题，利于因材施教

信息技术系统为教师提供了多种教学资源，通过计算机，教师可以完成备课或者修改教案，并将备课资源通过网络传输给学生；教师也可以运用网络考试系统，进行无纸化的考试；教师还可以在计算机上进行考试试卷的分析。因此，信息技术系统为教师和学生提供了一个生动、形象的听力材料和创造性平台，教师不仅可以运用网络提供的资源，也可以自己制作课件。

在传统的听力教学中，教师很难了解学生的学习质量和学习情况，但是信息技术的引入，教师可以随时了解学生的情况，尤其是其中的监控功能，可以对每位学生的学习情况进行监听，从而有助于教师对学生展开一对一纠正。教师了解了学生的学习情况，清楚了学生的口头表达能力，那么就能够有针对性地辅导学生，做到因材施教。

（二）基于信息技术的高职英语听力教学的方法

基于信息技术的高职英语听力教学不仅有助于提高教师的教学效果，也有助于提升学生的听力水平，这可以为学生的英语听力教学带来广阔的空间。那么，如何将信息技术准确、合理地应用到英语听力教学中呢？当前，我国英语教学提倡的是自主学习，是以学生的主体地位为前提的教师进行指导、学生主动参与的学习，而不是没有教师指导的完全意义上的自学。

因此，基于信息技术的高职英语听力教学不能忽视教师的作用，否则就不能取得应有的教学效果。利用信息技术培养学生的听力能力，教师可从以下两个层面着手。

1. 建构听力学习环境

听的本质是一种交际活动，学习成功与否的关键因素在于学生。基于这两点考虑，在听力课堂上，教师应该充分利用现代信息技术，为学生构建良好的自主学习环境。具体来说，教师应该做到以下几点。

（1）为学生创建丰富的、真实的、有助于听力理解的交际语境，使学生犹如身处真实的语境中听一样，使他们能够感受到听的实用性，进而增加学习的兴趣和愿望。

（2）利用多媒体资源丰富听力教学，激发学生的学习兴趣。

（3）选用真实的听力材料，这样一方面能够增强学生对学习内容的认同感，另一方面也能使学生接触地道的语音、表达，有助于学生在日后实际的对外交往中听得更准。

（4）设计与真实语篇相关的课堂活动，采取小组合作的教学活动，从而减少学生对教师的依赖感，减少学生的焦虑情绪，使学生在合作交流中碰撞出思想的火花，增进学习的主动性。

（5）为学生提供合作互动、沟通交流的机会，使学生在参与中逐渐掌握学习的方法，找到学习的乐趣，增强学习的动力。

2. 培养听力自主决策能力

在信息技术环境下，学生听力自主决策能力的培养要注意以下两个方面。

（1）学习并掌握获取信息的硬件知识。只有掌握了现代信息技术的操作技能，学生才能实现与老师或者同学通过网络技术的实时交流。

（2）要培养掌握、收集、整理、利用信息的能力。学生要能根据教师布置的学习任务，借助现代信息技术自行搜索、采集信息，对获取的信息进行分析、整理，并充分利用这些信息提高语言能力。此外，还要通过现代信息技术，让学生对自身自主学习的效果进行评价。

总体来说，借助于信息技术所提供的网络化虚拟课堂，学生的角色发生了转变，他们从知识的被动接受者转为听力理解过程中意义的自主建构者。他们以自己的整个身心去感受听力语篇中呈现的各类信息，同时借助信息技术将自己的观点与思想生动地传达出来，主动参与学习交互活动，培养了自主学习的能力。

第二节　英语口语教学的解构与重塑

一、口语教学理论的解构

口语以口头表达的方式来输出信息，是表明观点、传递信息或表达情绪的重要输出技能。因此，口语教学是英语技能教学中不可或缺的重要组成部分，在高职英语教学体系中占有不可替代的地位。

（一）口语与口语能力

1. 口语

口语即口头语言，指的是人们日常口头交谈时使用的语言，该种语言属于日常会话的通俗语言。可以说，世界上所有的民族都有自己的口语，这种语言是通过声音来传播的。相关学者提出，口头语言通常有三个阶段，这三个阶段各有自身的特点，下面进行具体探讨。

（1）由听话到说话阶段

不管是学习母语还是外语，听都是学习的重要前提。换句话说，听话是说话的准备，只有说话者了解了听的机制，才能有效地开展口语交际。因此，在英语口语教学中，教师应合理安排好听的教学活动，对先听后说的规律给予充分重视，通过听的训练来把学生主动开口说的兴趣激发出来，调动学生开口说的动机。可见，英语口语教学必须以听带说、以听促说，将听与说有机结合在一起。

（2）由不自主到自主阶段

英语的学习与使用常常要经历一个由不自主到自主的发展过程，英语口语的学习也不例外，学生在刚刚开始学习英语时常处于一个被动、不自主接受的阶段。但是，学生在个性差异与努力程度方面具有不同的特点，因此这个阶段的长短也会因人而异。

在英语口语学习的初级阶段，学生常常忽视语言意义的学习，而主要将注意力放在语言形式上。在英语交际中，学生很难对对方话语的内容有所关注，他们感兴趣的主要是对方的词句。当然，随着开口说英语经验的不断积累、说话环境的适应以及习惯的养成，学英语的人经过不懈的努力，就可以从不自主状态转化为自主状态。自主说英语的状态表现为：注意力主要集中于自己所说的内容和对方所说的内容，而不是语言形式；怎么想就怎么说，而不是先想好了后说。

说话中的自主感和不自主感的确定主要取决于说话人的心理状态，其次还受到说话人语言水平的影响与制约。当说话人在主观上和心理上将英语视为一种交际语言时，就可以轻松自由地进行表达，因此会产生一种自主感。在这种自主感的影响下，说话人关注的是语言的语用含义，而不拘泥于语法、结构、规则。

根据说话的这种机制，英语口语教学中应力求使学生树立自主学习英语的感受。教师可以遵循说的心理规律，创造与学生语言水平相吻合的情境和轻松愉快的课堂气氛，引导学生积极地按照话题思考、联想、想象、回忆，经过不断实践，学生的自主感就会固定下来。

就宏观层面而言，说外语的自主感与整体心理有紧密的联系。我国传统的外语教学模式是以教师为中心，学生很少开口，进行说的训练有助于改变这一现状，使学生多开口、多思考，积极主动地参与到教学活动当中，使学生从消极的知识接受者变成积极的参加者。随着说的训练的不断展开与深入，学生就各种问题展开讨论和辩论，阐述自己的观点，这样就提高了学生的自信心。学生说英语的自主感的形成与整个心理状态的完善息息相关。

自信心强对自主感的发展有积极的促进作用；反过来，说的自主感又会提高学生的整个心理素质。因此，在英语口语教学中，教师不仅要关注教学技艺和训练方法，还要重视开发智力和非智力因素。对学生要以鼓励为主，对敢说和说得正确的部分给予肯定和表扬，尽量不用明示法纠错。

（3）由想说到说明白阶段

动力是人类进行行为动作的重要心理特征。在说话过程中，只有说话人产生想说的念头，才会进行交际活动。当念头产生之后，说话人主动将想说的内容与言语的表达形式相联系，进而诱发“如何说”的行为状态。总结起来，说话人从想说到说明白，就是说话的心理机制。至此，言语活动产生。

通过上述对口语的研究可以发现，动机是交际产生的前提与基础。而说的活动既是一个想说、说什么和怎么说的过程，也是一个不断观察、调整、修正的过程。

2. 口语能力

口语能力是指个体通过听、说与他人之间进行顺利交际的能力，是语言能力的一种外化。口语能力要求学生综合运用学过的语言知识与材料进行创造，该能力是英语教学的根本目的之一。口语实践是提高英语口语交际能力的根本途径，然而口语能力的提高是一个漫长的过程，学生要想提高自己的口语表达能力，只有一种途径——多说、多练。当口语达到一定水平时，英语语感就会慢慢形成，在这个过程中英语思维也逐渐形成，而英语思维的形成会有效地提高英语口语输出的效率和准确度。通常而言，口语能力的提高既会受到主观因素的影响，也会受到客观因素的影响。其中主观因素包括词汇量的多少、发音的准确与否、兴趣的大小以及文化背景知识。客观因素则包括语言表达的环境、场合等。教师在口语教学过程中务必注意学生主、客观两个因素对其口语能力的影响，如此才能有效提高口语教学的质量。

（二）口语教学的现状

1. 教学方法陈旧

我国很多英语教师已经意识到了口语教学的重要性，但因教学方法陈旧落后，导致教学效果不甚理想。在口语教学上，很多教师按照讲解、练习、运用的传统模式教学，虽然从表面上看这种教学符合教学和学生学习的规律，但是由于没有考虑英语口语的具体特征，在很大程度上制约了学生主动性的发挥，未能改变学生口语学习的积极性。

在这种教学模式下，学生的口语学习和其他学科一样，处于一种被动接受知识的局面。这种过分重视词汇和语法知识、强调教师“霸权”地位的教学现状导致学生读写水平不错，但听说能力不佳、交际能力低下，有的学生甚至直到高职毕业也不怎么会说英语。由于英语口语是在最近几年得到迅速关注与发展的，而很多英语教师在学习时不具备这种能力，当进行口语教学时，势必会出现不知所措的状况。可见，英语口语是一个长期发展的学科，需要教师提高自身的素质，紧跟社会形势，用创新的眼光进行英语教学工作。

2. 对学生的纠错方式不科学

教师对学生学习中出现的错误进行纠错是很正常的情况，而且大部分学生也都希望教师能够对自己在交际中存在的错误进行及时的纠正。但是，如果教师的纠错方式不科学，不仅不会起到鼓励学生的作用，反而会对学生的口语学习造成不利的影响。

在口语教学中，很多教师一旦发现学生出现交际问题，就立即纠正，这样不仅容易打乱学生的正常思路，也会伤害学生的自尊心，进而使学生出现紧张、焦虑，最终使学生失去说的勇气。因此，在学生具体的交际过程中，教师对学生的错误要持宽容态度，对学生的错误进行恰当的纠正，使学生在意识到自己错误的同时，愿意积极学习口语。

3. 配套教材缺乏

目前市场上现有的口语教材，要么是专门针对某一专业、领域的口语教材，难度极大；要么是有关简单的问候、介绍、谈论天气日常用语的教材，过于简单，无法满足社会各领域对相应口语能力的要求。配套教材的欠缺无疑是阻碍学生提高口语能力的一个重要因素。

4. 心理压力大

由于教师与学生在口语方面投入的时间较少，因而学生在口语方面普遍表现欠佳，具体表现在以下几个方面。

（1）学生在进行口语表达时常常缺乏自信，他们总是担心自己出错，被批评、被耻笑。虽然有些学生的口语能力不像他们想象中的那么差，却仍然不愿意开口说英语。这些负面情绪对口语水平的提高影响极坏。

（2）由于不懂得话题展开的技巧且缺乏必要的练习，学生很难将学到的词汇、语法用在口头表达中，因而造成无话可说或不知如何去说的尴尬局面。

（3）学生受汉语影响较大，在口语表达上难免会出现各种各样的问题。有的学生带有地方口音，听起来十分可笑；有的学生发音不准，影响了语义的表达；有的学生不能正确使用语调、重音等，影响了口语表达的标准性，甚至改变了说话人的本意。

（三）口语教学的内容

培养、提高学生的英语口语表达能力与交际技能是高职英语口语教学的宗旨，因此语音训练、词汇和语法、会话技巧、交际策略是高职英语口语教学的主要内容。

1. 语音训练

英语口语训练应以英语语音为前提，帮助学生掌握正确语音、语调是语音训练的首要目标，具体涉及停顿、意群、重读、弱读、连读、音节等。如果没有掌握规范的发音，不仅难以表达自己的观点，也会导致对方出现理解障碍。

（1）当口语中出现事物的罗列或者选择疑问句时，通常在前半部分使用升调，在后半部分使用降调。

（2）英语中，可用 Yes 和 No 回答的疑问句和表示怀疑的问句通常使用升调。当对别人的话语进行重复时，也常使用升调。

（3）有一些句子，当表达不同的含义时，应使用不同的语调。

（4）英语中使用降调的句子一般包括不能用 Yes 和 No 来回答的疑问句、附加疑问句、感叹句、命令句、肯定句等。

可见，语句的含义与语调之间存在密切联系，教师应引导学生对不同语调对意义的影响予以重视。

2. 词汇和语法

在口语表达过程中，词汇与语法发挥着不可替代的作用。具体来说，如果没有必要的词汇储备，很多思想、观点就无法准确表达出来；如果没有基本的语法知识，句子内部的逻辑关系就容易出现混乱，交际也就难以顺利进行。所以，词汇与语法也是高职英语口语教学不可或缺的内容。

3. 会话技巧

培养和提高学生的口语表达能力，使他们能对一些会话技巧进行熟练运用，从而使交际得以顺利进行是口语教学的根本目标。因此，会话技巧也是高职英语口语教学的重要组成部分。

4. 交际策略

所谓交际策略，是指“当某语言使用者在话语计划阶段由于自身语言方面的不足而无法表达其想要表达思想时所采取的策略”。在交际过程中，为克服因语言能力不足而导致交际困难，交际者使用语言或非语言手段的能力即为交际策略能力。交际策略也是口语教学的重要内容。

口语交际活动往往不可预测，因此交际过程中遇到尴尬局面是难免的，这就要求交际者具备一定的交际策略能力，以便在需要时借助交际策略来解决遇到的困难，促使交际顺利进行。一般来说，策略能力包括以下两个方面。

（1）协商能力

所谓协商能力，是指在发生理解困难时获取意义的能力。

澄清信号是协商能力的重要内容。在交际过程中，如果听话人没有完全理解讲话人的语言，或没能听清讲话人的意思，这时听话人可请求重复，或直接要求讲话人加以解释，如“Pardon?”“What do you mean by saying..?”“What dces...mean?”等。通过运用这一交际策略，交际者可将自己的意思清晰地传达出来，使交际渠道畅通，从而使交际顺利进行。

（2）补偿能力

所谓补偿能力，是指发生困难时使对方理解自己讲话内容的能力。补偿能力通常包括如下几个方面。

第一，使用肢体语言。在交际过程中，交际者也可适当借助肢体语言来表达自己的观点与看法，保证交际顺利进行。

第二，使用同义词或类别词。在交际过程中，如果交际者缺乏关于某一话题的词汇，可采用自己熟悉的同义词来代替，如用 dark 来代替 gloomy。

第三，使用会话填补词。在交际过程中，有时交际者可能会一时想不出想要使用的语言，这时可适当运用一些填补词，如“and you see...”“Er, that's a very interesting question...”“Well..., let me think...等，一边说一边思考，控制说话节奏，确保讲话连贯。

在高职英语口语教学过程中，教师应注意向学生介绍一些英语国家人们的交际策略，使学生了解英语语言规则和交际规则，提高英语口语交际能力，在交际过程中更好地让自己的讲话内容被对方理解，并更好地理解对方的语言，提高和改善跨文化交际效果。

（四）口语教学的原则

1. 互动性原则

口语学习和练习的最终目的是进行交际，即互动。在口语教学过程中，教师不能只让学生机械地进行训练，需要让学生的训练过程充满互动性，让学生能够在训练的过程中提升自己的口语水平。

互动性原则的着重点在于“动”，具体地说就是对某一话题所展开的练习具有动态性。在口语教学中，教师如果按照传统的口语教学模式仅仅采用提问的形式，学生只能被动地进行口语表达，这样不利于提高学生的口语能力。为了改变口语教学的这一传统的弊端，在实际的口语教学中，教师需要采用小组讨论、对话练习、角色扮演等方式开展学生之间的互动训练活动。只有这样，口语教学才会给学生营造充满乐趣的学习氛围，打破传统压抑的教学环境，不断地激发学生的学习兴趣和积极性，从而有效地提高学生的口语能力。

2. 先听后说原则

听是说的前提和保障，因此高职英语口语教学的开展就要按照这一规律，遵循先听后说原则，即以听为基础，通过听来促进说，从而提高学生的口语表达能力。在交际过程中，听和说相辅相成，在听英语的基础上练习说英语，才能保证后者的训练顺利进行。

通过听，学生可以获取大量的知识信息，接触大量的词汇、语法和句子等，进而产生表达思想的强烈愿望。当储备了大量的语言知识后，才能开口说，才能进行真正意义上的会话。因此，在高职英语口语教学中，教师应引导学生进行大量的听力活动，让学生在听的基础上不断地进行积累和模仿，进而提高口语能力。

3. 循序渐进原则

英语口语教学不是一蹴而就的，是一个循序渐进的过程，在这一过程中需要由易到难、层层深入、循序渐进地展开。例如，在口语教学中，有些学生由于受本地区语言的影响，英语发音常常夹杂着一些方言口音，针对这种情况，教师需要结合学生具体的语言特点和发音困难，由易到难逐步地引导并帮助学生克服这一语言发音问题，鼓励学生积极、主动地说出发音正确的英语。需要注意的是，起初设定教学目标时要适中，不能太高也不能太低。太低的教学目标不能引起学生的兴趣与注意力，太高的教学目标会令学生对口语学习产生畏惧心理。

二、口语教学理论的重塑

（一）基于信息技术的高职英语口语教学的优势

将信息技术引入高职英语口语教学，不仅为其带来新的挑战，还为高职英语口语教学提供了全新的思路和手段。因此，基于信息技术的高职英语口语教学有其明显的优势。具体而言，表现为如下几点。

1. 激发了学生口语学习的积极性

信息技术环境极大地激发了学生口语学习的兴趣和积极性。由于信息技术集合了声音、图像、图片、文字，具有交互性强的特色，这充分调动了学生的多种感官，如视觉、听觉、触觉等，导致原本枯燥、抽象的内容变得更为生动、形象，让学生们在不断的学习中充满乐趣，也提升了教师的教学效率。

另外，一些软件设计得比较个性化，因此淡化了学习和娱乐间的界限，从而一定程度上改善了教与学的关系，使学生从传统的被动学转向了主动学。这一学习方式便于激活学生固有的知识和经验，让学生通过推测、模仿、联想、判断等对知识进行轻松获取。真实的环境、地道的音调有利于学生进行跟读、模仿，不断培养学生的语感，改善学生的英语学习效果。

2. 提供了更多的口语教学场景

根据建构主义学习理论，学习是学生在一定的社会文化背景下，借助某些外界因素，主动建构知识的过程。现代口语理论也认为口语属于一种认知活动，而信息技术恰好能够使学生拓展思路、学会研究性学习，从而培养自己独立思考、独立创作、独立解决问题的能力。

3. 提供宽松的口语环境

口语是一种交际活动，其目的是提升学生的口语运用能力，但这不是学生能够单独完成的。信息技术可以为学生提供实时的或者非实时的口语学习所必需的交流手段，也为学生提供宽松的口语环境和交际情境，让学生通过网络来进行沟通，积极地发现问题、讨论问题，从而逐步改善自己的交际能力和口语表达能力。

4. 提供了更真实的口语文化氛围

网络文化具有多元性，但是其可以为教师和学生提供更多与外国友人进行交流的机会，无论是口头上的交流，还是书面上的交流，都有助于教师和学生了解中西方文化，明白中西方文化的差异性，从而更高层次地提升学生的语言认知和语言学习能力。

5. 提供了丰富的口语教学资源

信息技术是学生学习英语的资料库，通过信息技术上的资料，学生可以接触丰富的、与学生生活密切关联的、可理解性的学习资料，这些都为教师的教和学生的学提供了便利。

（二）基于信息技术的高职英语口语教学的方法

传统的口语教学已经很难满足当前时代发展的需求，因此基于信息技术的口语教学应运而生，并在当前的高职英语教学中起着重要作用。那么，信息技术环境下的高职英语口语教学该如何展开呢？具体来说，教师可以从如下几点着手。

1. 注重网络测试与实施人机对话训练

信息技术环境下的口语自主学习涉及学生自我测试评估口语水平、人机交互口语练习、教师布置和批改口语作业等。教师在课堂上给学生布置预习任务，让学生通过网络搜索或者下载，然后进行自学。

2. 课外教学与课内教学紧密结合

高职英语课时是有限的，因此仅仅依靠课堂是远远不能满足学生需求的，还需要教师对一切可以利用的环境加以利用。课外教学是课内教学的补充和延伸，教师开展丰富的第二课堂活动，结合课堂内容组织学生展开课外活动，如英语演讲、短剧表演、作文比赛、举办班会等，同时教师让学生拍摄成视频，在多媒体教室中进行播放，其他学生根据他们的表演情况进行评判，从而取长补短。

另外，教师还可以邀请一些外籍教师做专门的讲座，创办专门的英语期刊、设立英语广播等，让学生体会到口语学习的乐趣，更加热爱学习。

3. 注重过程评价与教师科研相结合

教学与科研是同步相关的，教学对科研有促进作用，而科研又引导着教学。在教学过程中，教师根据学生的终结性评价和过程性评价的结果，再结合教学过程中的问题，写自己的日志，并改进教学方法，从而提高教师的科研能力。

第三节 英语阅读教学的解构与重塑

一、阅读教学理论的解构

阅读是一种重要的认知活动，是人类接受知识与认识世界的重要途径。高职英语教学的重要目标之一就是培养并提高学生的阅读能力。在信息时代条件下，学生通过阅读可以获取更多的信息，同时提升自身的输入能力，进而巩固自己的语言知识。

（一）阅读与阅读能力

1. 阅读

简单而言，人们经常说的“看书”或“读书”就是阅读。对于阅读概念的分析，通常会将理解包含在内，有狭义与广义之分。狭义层面的阅读指的是利用视觉感官，通过思考对文字、文本所包含的内容与意义进行理解的一种智力活动。广义层面的阅读指的是“借助于人的视觉、触觉（手或皮肤），通过心理加工来理解文字、标符、图案、服饰、表情、姿态、自然现象和社会现象及其状态的内容和意义的一种复杂的心理活动、行为或过程”。阅读目的与理解过程也属于广义阅读的范畴。

阅读是将印刷品的意思传递出来的一种复杂系统。要想完成阅读，应具备六项技能。

（1）对生词进行解读的能力。

（2）弄清楚语义或话音和印刷品之间的联系的技能与知识。

（3）促进阅读理解的充足的背景信息。

（4）可以流利地读的能力。

（5）发展阅读动机，保持阅读动机。

（6）提高积极地通过印刷品来构建语义的策略。

下面三个关于阅读的定义被人们普遍接受与使用。

（1）学会阅读就学会了读单词。

（2）学会对单词进行辨认，对单词的含义进行理解。

（3）学会将词的意义带入文本中，从而理解文本的语义。

通过上述分析可以总结出，阅读是通过视觉感知语言信号之后，对信息意义进行处理、加工以及理解的心理过程。在阅读过程中，读者应根据自己已经掌握的信息、知识、经验来对语篇进行加工，以了解语篇的含义。

2. 阅读能力

培养并提高学生的阅读能力是高职英语阅读教学的目标之一。阅读能力是学生自学能力的基础，也是培养自学能力的重要途径。

阅读能力即阅读理解能力。阅读能力包括四个方面的能力：阅读语能，指的是认识字词、懂得语法的能力；阅读才能，指的是对言语作品进行理解的能力；阅读智能，指的是对交际意念进行理解的能力；阅读技能，指的是用眼方法的能力。阅读能力是一种综合性的能力，通过阅读的过程而体现出来。

阅读能力主要包括阅读速度与理解程度两个方面。阅读速度是读者在单位时间内所阅读文章的长度；理解程度是读者对所读文章的理解程度。阅读的流畅程度与理解的准确程度是评价一个人阅读能力的标准。此外，胡建认为阅读能力除了包括阅读速度、理解程度之外，还包括阅读的灵活性。阅读的灵活性是能根据不同的阅读材料与阅读目的而相应地对阅读速度与阅读方法进行调整。

阅读能力受很多因素的影响。其中，影响阅读的因素有对速度技巧的熟练程度、视幅大小以及视读能力的强弱等；影响阅读理解程度的因素主要是语言能力，具体指词汇量、语法、背景信息等方面的知识与能力。除此之外，阅读能力还会受读者注意力的影响。

（二）阅读教学的现状

1. 课程设置不合理

教学计划与教学目标的缺失是英语阅读教学在课程设置方面的主要问题。很多学校的英语阅读教学都面临着教学时间、师资力量、教学设施、教学组织等方面的困难，使英语阅读教学缺乏科学目标与合理计划，从而为英语阅读教学效果的改善带来一定的阻碍。此外，提升学生的阅读能力是英语阅读教学的根本目的，一些学校却将英语阅读教学活动看作一种可有可无的“附属品”，这更是对英语阅读教学初衷的背离。

2. 教学观念不正确

在我国，很多高职的英语阅读教学仍停留在词汇、语法的阶段。实际上，到了高职阶段，帮助学生提升阅读能力，使他们能在语篇中通过对信息的选择、归纳、推理来把握文章主旨与观点才是英语阅读教学的根本目的。如果过分关注对语言知识的传授，忽略阅读理解能力的培养，那其后果就是英语阅读教学从词汇记忆阶段直接进入语义获取阶段，学生的英语学习由于缺少中坚力量的支撑而难度大增。

3. 阅读习惯不良

很多学生在阅读过程中都存在一些不良的阅读习惯，归纳起来主要有下面几种类型。

（1）指读，即用手或笔指着文字逐词或逐行阅读。

（2）唇读，即用嘴唇读出看到的内容，唇读包括出声音与不出声音两种形式。

（3）回读，即阅读过程中不断返回去再阅读一次刚刚读过的内容。

（4）时常跳读，即难以按照文章的表述顺序展开阅读，特别是在换行时，易因定焦不清而看错行。

上述阅读习惯不仅对理解能力的提升与阅读思维的连贯带来影响，也不利于提高阅读速度，教师应及时发现并帮助学生纠正。

4. 阅读观念错误

长期以来，很多学生对英语阅读存在着一些错误认识。例如，有些学生将词汇量等同于阅读能力，片面地认为词汇量大就意味着阅读能力强。实际上，阅读不仅仅是词汇量的问题，还受词义把握、句子结构、语法知识、语篇分析等多方面能力的影响。

还有些学生把阅读速度等同于阅读能力，这也是片面的。阅读能力不仅包括阅读速度，还包括理解的准确率。有的学生阅读速度快，理解程度却很低。虽然读完了，可是并没有抓住重要的细节和文章大意，这样就不能说他的阅读水平高。可见，学生要想提高阅读水平，首先应矫正错误的阅读观念，不能用扩大词汇量来代替阅读练习，也不能一味追求阅读速度，应从多个方面入手全面提高阅读能力。

（三）阅读教学的内容

培养、提高学生的各种阅读技能是英语阅读教学的主要内容，具体涉及以下一些技能。

（1）能够辨认单词。

（2）能对文章的主要信息进行总结概括。

（3）能够对语篇的指示词语进行辨认。

（4）能够具备跳读技巧。

（5）能够猜测陌生词汇、短语的含义。

（6）能够理解句子内部与句子之间的关系。

（7）能够具备基本的推理技巧。

（8）能够对句子及言语的交际意义进行理解。

（9）能够对文章的主要信息或观点进行准确梳理与把握。

（10）能够把握细节与主题。

（11）能够对文中的信息进行图表化理解与处理。

（12）能够理解衔接词进而理解文字各部分之间的意义关系。

（四）阅读教学的原则

1. 激发兴趣原则

兴趣是最好的老师，它能够激发一个人对事物的热情和对学习的积极性。对英语阅读教学来说，只有学生自己对阅读产生兴趣，才会积极、主动、自主地去学习。可以说，兴趣因素在很大程度上决定了阅读教学的成败。尤其是对高职学生而言，课上时间毕竟是有限的，只有出于兴趣，学生才会在课外有动机去阅读。因此，教师在阅读教学过程中一定要时刻注意激发学生的阅读兴趣，保持学生对阅读教学的新鲜感。例如，教师可以适当变化课堂教学内容、教学形式以及教学手段，避免枯燥单一的教学活动。

2. 因材施教原则

每位学生都有自身独特的个性，学生与学生之间不可避免地存在一些差异。尤其是高职学生普遍已经学习了几年英语，在阅读习惯、阅读方法等方面大都形成了自己的特点。因此，在阅读教学过程中，教师一定要因材施教，对不同的学生采取不同的教学方法，确保每位学生的阅读热情都得以维持，阅读技能都得到发展。例如，有的学生会因自己英语成绩较差而失去阅读信心，甚至自暴自弃，因此教师就应当在教学过程中时不时地鼓励和表扬他们，重树他们的自信心，同时给他们布置一些难度较小的阅读任务，然后逐步增加难度，帮助他们不断进步。有的学生英语基础比较好，阅读水平比较高，基本的阅读要求已经无法满足他们的阅读欲望，教师就可以给他们布置一些具有挑战性的阅读任务，适当向其推荐一些英语名著等。总之，教师应根据不同学生的特点采用不同的教学方法和手段，并有意识地向他们提出不同的要求，做到因材施教。

3. 语言学习与思维训练并重原则

目前，高职英语阅读教学中普遍存在过于侧重语言学习而忽视阅读思维训练的现象。实际上，高职学生已经具备一定的英语能力，在课堂上教师如果仍一味地讲解语法和句型，注重学生单一的记忆性思维训练，就忽视了以内容为主的思维性训练，如分析、比较、批判等，既无法激发学生的阅读兴趣，也不符合高职学生思维能力发展的要求。

因此，教师在阅读教学过程中应遵循语言学习和思维训练并重的原则，减少记忆性思维训练的比例，留出更多时间训练学生对文章内容理解分析、比较、讨论、批判的能力，并灵活设计与内容相关的各种思索性问题，激活学生的主动思维。阅读本质上是作者与读者之间的双向反馈过程，学生只有通过主动思考，在对文章内容分析、批评的基础上，得出自己的结论，才能真正培养自身的思维能力，也才能体会到思考的乐趣。

二、阅读教学理论的重塑

（一）基于信息技术的高职英语阅读教学的优势

信息技术辅助阅读教学创造了英语阅读的一种全新模式，信息技术环境为英语阅读开辟了一个新领域、新天地。信息技术环境下的语言与实际的语言发展是同步的，不仅具有较强的趣味性，还可以化静态为动态、化虚为实，对文本、图像、数字、动画等随意进行调控和组合，教师根据自己的教学对象来选择教学方法和手段，从而真正实现情境化教学。可见，基于信息技术的高职英语阅读教学具有无与伦比的优势。具体而言，体现为如下几个层面。

1. 支持教师通过同步或者异步的形式对学生进行帮助和辅导

在常规的阅读中，学生对辅助工具、教学等都无法随心所欲地控制，处于被动的地位。在信息技术环境下，使用者可以随意调节，可以随心所欲地控制自己的学习速度。通过网络，学生不仅可以获得全球图书馆的资料，还能够实现有效的远程教学。

2. 为阅读教学提供了丰富的资源

在阅读教学过程中，教师可以从网上下载自己需要的材料，然后进行筛选与编辑，从而用于指导学生的阅读教学。同时，学生也可以自己在网上进行搜索和浏览，提高自己的阅读知识面，加深自己对内容的了解。这样，阅读材料就不仅限于书本知识，而是与学生实际生活相结合。

3. 有助于提高学生的阅读技巧

在网络上，学生可以搜索适合自己的阅读技巧，然后去粗取精，对阅读材料进行正确判断。当学生从阅读中获取了有价值的信息后，需要对这些信息进行整合，从而保证网络资料的逻辑性和完整性。从网上获取有价值的资料也是为了提高阅读技巧、寻找阅读策略服务的，当学生经过无数的搜寻后，他们的阅读能力都会得以提高。

4. 为学生提供了先进的阅读活动工具

传统的英语阅读将英汉字典作为工具书，不用说其携带不方便，更多的是学生需要花费大量的时间来查询，有时候还不能查到自己想要的结果。相比较而言，网络连接远程服务，尤其是可以连接某一在线图书馆，不仅容量丰富，还便于查询。另外，教师或学生可以将自己的想法发给在线专家，让专家给予辅导和帮助。

（二）基于信息技术的高职英语阅读教学的方法

信息技术环境下的高职英语阅读教学并不是让学生漫无目的地搜索和浏览，如果没有教师的准备、指导与评价，学生很难通过信息技术来提升自己的阅读兴趣和能力。因此，基于信息技术的高职英语阅读教学离不开教师的参与，具体而言教师可以从如下几点做起。

1. 发挥网络互动优势，激发学生的学习兴趣

基于信息技术的高职英语阅读教学提供了一个广泛的互动平台，让学生广泛参与其中。通过信息技术提供的空间，教师和学生可以上传学习资料，实现资源的共享。在具体的教学中，教师需要根据教材目的来建设一个网络阅读资料库，将教材中的重难点置于网络上，并且补充一些课外知识，以帮助学生理解和掌握。

另外，为了避免学生乏味，教师应该将信息技术的优势发挥出来。也就是说，教师在学习资料中添加一些图片、漫画、视频等，在字体、排版上也凸显一些特殊的地方，让学生一目了然，并且能够吸引学生的注意力。

2. 科学合理地选择阅读材料

英语阅读本身属于一门训练技巧的课程，学生需要通过大量的阅读练习来掌握技巧。因此，科学合理地选择阅读材料是最为关键的部分。在信息技术环境下，材料内容需要与课堂贴近，成为课堂内容的重要一环。在阅读课堂开始前，教师应该让学生提前搜索一些阅读材料，培养学生网上查询资料、获取信息的能力。之后，教师对学生寻找的资料进行仔细阅览，并将这些资料介绍给学生，要求学生以小组的形式进行交流。最后，教师要求学生做总结报告，教师根据学生的报告给予一些口头的评价。

3. 科学地进行评估与分类指导

基于信息技术的高职英语阅读教学有明确的评估目标和标准。在设计一套科学合理的教学评估方法时，教师可通过对阅读素材的生词词汇量、语法难易程度、句子长度等的评估来衡量学生的阅读理解能力。同时，教师可以对学生的在线时间进行统计，从而计算学生的阅读时间和阅读效率。

此外，教师还要考核学生在有些问题上的错误率，对学生阅读技能的掌握情况进行分析。在教学任务完成后，教师还需要进行总结和评估，对重难点进行分类指导。

4. 积极地开展课后拓展阅读

在课堂阅读的基础上，教师应该积极地开展课后拓展阅读，并着重于学生阅读与动笔练习的结合。通过长期的训练，学生在阅读中能够快速集中注意力。教师在引导过程中，可以根据教材各个单元的内容来开展活动，如可以要求学生从自身感兴趣的话题搜索，整理并做书面报告，进行演讲比赛。通过这些活动，学生不仅可以对各个单元的内容有一个很好的掌握，还能够锻炼学生的写作和归纳能力。

参考文献

[1] 高美云，罗春晖 . 基于职业能力培养视角的高职英语教学模式改革研究 [M]. 长春：吉林人民出版社，2018.05.

[2] 周娟娟 . 高职高专英语情境教学 [M]. 成都：四川大学出版社，2018.08.

[3] 金红卫，陈勇 . 英语认知能力构建与高职实用英语教学改革 [M]. 长春：吉林出版集团股份有限公司，2018.06.

[4] 乔秀平 .PBL 在高职英语写作教学中的运用 [M]. 济南：济南出版社，2018.07.

[5] 张丽萍 . 新时代背景下高职英语教学的理论与实践研究 [M]. 北京：中国铁道出版社，2018.10.

[6] 桑冬艳 . 高职院校英语教学模式研究 [M]. 北京：现代出版社，2018.07.

[7] 冉茂杨 . 高职英语教育教学改革研究与分析 [M]. 长春：吉林人民出版社，2018.07.

[8] 李仕敏 . 高职英语课程赛课一体教学研究与实践 [M]. 北京：北京工业大学出版社，2018.05.

[9] 黄爱良，孔燕，曹波 . 高职英语教学模式探究 [M]. 哈尔滨：东北林业大学出版社，2018.10.

[10] 高美云 .“互联网 +”背景下高职英语模块化教学资源建设研究 [M]. 哈尔滨：东北林业大学出版社，2018.01.

[11] 张敏，王大平，杨桂秋 . 英语教学改革与创新研究 [M]. 北京：九州出版社，2018.06.

[12] 苏志鸿，赵阳，李毅鹏．高职基础英语 [M]. 成都：四川大学出版社，2018.10.

[13] 杨海霞，田志雄，王慧．现代高职英语教学研究与实践探索 [M]. 长春：吉林人民出版社，2019.11.

[14] 张明．高职英语教学与商务实践 [M]. 长春：吉林教育出版社，2019.11.

[15] 张艳．信息化时代高职英语教学研究 [M]. 延吉：延边大学出版社，2019.06.

[16] 张爱玲．高职英语教学的反思及未来趋势研究 [M]. 青岛：中国海洋大学出版社，2019.04.

[17] 王婷．高职英语教学理论研究与方法探索 [M]. 长春：吉林出版集团股份有限公司，2019.04.

[18] 陈玉．以实用性为目的的高职英语教学 [M]. 昆明：云南人民出版社，2019.12.

[19] 胡维然．就业导向背景下的高职英语教学体系构建 [M]. 北京：现代出版社，2019.01.

[20] 涂丹．高职英语训练 [M]. 镇江：江苏大学出版社，2019.09.

[21] 卫金珍，陆晔．高职英语基础教程 [M]. 成都：电子科技大学出版社，2019.01.

[22] 邓金娥．“互联网 +”背景下商务英语教学研究 [M]. 长春：吉林文史出版社，2019.05.

[23] 李晓晖．互联网英语教学模式在护理专业中的应用 [M]. 天津：天津科学技术出版社，2019.04.

[24] 赵盛．高职英语教学方法与改革研究 [M]. 长春：吉林人民出版社，2020.10.

[25] 王九程．信息化时代高职英语教学研究 [M]. 长春：吉林人民出版社，2020.08.

[26] 资灿．高职英语教学的发展与创新研究 [M]. 成都：西南交通大学出版社，2020.04.

[27] 王秋．高职英语课堂混合式教学研究 [M]. 长春：吉林人民出版社，2020.08.

[28] 袁飞，李龙霞．高职英语教学理论与实践 [M]. 北京：中国国际广播出版社，2020.02.

[29] 曹娟．教师专业发展与高职公共英语教学模式实践与研究 [M]. 南昌：江西科学技术出版社，2020.01.